Haftungsausschluss:
Die in diesem Buch enthaltenen Empfehlungen wurden sorgfältig geprüft und berücksichtigt. Dennoch können weder der Autor noch der Verlag eine Garantie oder Gewährleistung für die gemachten Angaben übernehmen. Die Anwendung der Empfehlungen erfolgt ausdrücklich auf eigene Gefahr. Jegliche Haftung des Autors, des Verlags und ihrer Vertreter für Schäden an Personen, Eigentum oder Vermögen, die durch die Nutzung oder Nichtnutzung der Informationen bzw. durch die Nutzung fehlerhafter und unvollständiger Informationen verursacht wurden, ist ausgeschlossen. Weder der Herausgeber noch der Autor übernehmen eine Haftung für die Aktualität, Richtigkeit und Vollständigkeit der Inhalte sowie für Druckfehler. Eine juristische Verantwortung oder Haftung für fehlerhafte Informationen und deren Folgen kann weder vom Herausgeber noch vom Autor übernommen werden.

Soweit in dieser Publikation auf Internetseiten Dritter verwiesen wird, übernehmen wir keine Verantwortung für deren Inhalte, da wir uns diese nicht zu eigen machen, sondern lediglich auf den Stand zum Zeitpunkt der Erstveröffentlichung hinweisen.

Bibliografische Informationen der Deutschen Nationalbibliothek
Die Deutsche Nationalbibliothek verzeichnet diese Publikation in der Deutschen Nationalbibliografie; detaillierte bibliografische Daten sind im Internet über https://dnb.dnb.de abrufbar.

1. Auflage 2025

Redaktion: Markus Lages
Lektorat und Korrektorat: Luise Hartung
Umschlaggestaltung: Steffen Mierzowski
Coverfoto: Jonas Sydney Krautwurst
Satz und Layout: Zarka Bandeira

ISBN Print: 9783910385849
ISBN E-Book: 9783910385856
www.kniga-verlag.de

OSKAR & TOBIAS BÜCKLEIN

PLÖTZLICH ERWACHSEN – UND JETZT?

Dein Survival-Guide fürs echte Leben!
Was dir keiner sagt,
aber jeder wissen sollte

INHALTSVERZEICHNIS

EINLEITUNG

WILLKOMMEN!

Schön, dass du dieses Buch in der Hand hast und sogar diese ersten Zeilen liest. Das beweist, dass sich manche unserer Freunde und Bekannten geirrt haben. Die haben nämlich gesagt: »Ein Buch für junge Erwachsene? Lesen die denn überhaupt noch? Die schauen doch alles lieber bei Google nach.« Offensichtlich nicht – und das ist ein guter Anfang.

Dieses Buch ist aus Gesprächen zwischen Vater und Sohn entstanden. Wir reden sowieso seit Jahren regelmäßig über das Erwachsenwerden – oft ganz nebenbei, manchmal auch sehr gezielt. Über Arbeit und Geld, Gesundheit, Freundschaften, über Sorgen, Krisen und Pläne. Manchmal geht's auch um ganz praktische Dinge wie Stromtarife oder Handyverträge.

In den letzten fünf Jahren häuften sich diese Gespräche: Oskar zog zuhause aus und baute sich in Köln eine neue Heimat auf. Bei all den Fragen, die da aufkamen, rief er meistens Tobias oder seine Mutter an, statt im Netz nachzuschlagen.

Klar, Suchmaschinen können viele Antworten liefern – aber sie haben weder eigene Erfahrung noch ein offenes Ohr.

Wer sind wir?

Oskar ist Anfang 20, ein junger Erwachsener wie du – mittendrin im eigenen Leben, mit all den Fragen, die auftauchen, wenn man Schritt für Schritt mehr Verantwortung übernimmt.

Tobias ist sein Vater, ein paar Jahrzehnte älter, mit jeder Menge Lebenserfahrung, Erfolgen und auch Fehlentscheidungen.

Was uns außerdem verbindet: Wir arbeiten beide in der Öffentlichkeit – Oskar als *@dieseroskar* auf Instagram und YouTube, Tobias als Musiker und Moderator auf der Bühne und mit YouTube-Videos als *@dieserdad*.

Vieles, was Tobias in seiner Zeit als junger Erwachsener gelernt hat, spielt heute keine Rolle mehr. Und manche Fragen, die Oskar heute hat, gab es damals noch gar nicht – zum Beispiel die unfassbaren Möglichkeiten der digitalen Medien oder die psychische Belastung durch Hate-Kommentare.

Aber es gibt Lebensprinzipien, die zeitlos sind und auch heute Antworten liefern. Deshalb finden wir es spannend, dass in diesem Buch unsere beiden

Perspektiven aufeinandertreffen. Tobias bringt Lebenserfahrung und »zeitlose Wahrheiten« ein, Oskar sorgt dafür, dass sie in der Welt von heute landen.

Für wen ist dieses Buch?

Dieses Buch ist für dich, wenn du gerade in dein eigenes Leben startest. Vielleicht bist du von zu Hause ausgezogen, beginnst eine Ausbildung, ein Studium oder sogar den ersten Job und verwaltest zum ersten Mal ein eigenes Budget – vielleicht sogar teilweise selbst verdient.

Es ist für dich, wenn du merkst, dass momentan viele neue Themen auf dich zukommen, die im Schulunterricht nicht vorkamen: Wie finde ich eine Wohnung? Welche Versicherungen brauche ich wirklich? Wie gehe ich mit Stress um? Was mache ich, wenn ich mich zwischen zwei ganz verschiedenen Wegen entscheiden muss?

Und es ist für dich, wenn du dich manchmal fragst: »Bin ich eigentlich schon erwachsen?« – und feststellst, dass es auf diese Frage keine klare Ja-oder-Nein-Antwort gibt.

Ziel des Buches

Wir wollen dir keine »10 Schritte zum Erfolg«-Anleitung verkaufen. Es geht uns auch nicht um Vollständigkeit, wissenschaftlich abgesicherte Beratungsergebnisse oder die ultimativen Tipps, die deine Probleme ein für alle Mal lösen.

Dieses Buch ist eher wie ein Kompass: Es zeigt dir die grobe Richtung und gibt dir Werkzeuge an die Hand, mit denen du dich selbst orientieren kannst – auch wenn es mal stürmisch wird.

Wir teilen Geschichten aus unserem Leben, geben dir Praxistipps und holen manchmal auch etwas weiter aus. Denn Mietrecht kann sich ändern, Steuerrecht sowieso – wichtig ist, dass du die Grundprinzipien verstehst und einen Werkzeugkasten hast, mit dem du dich auch künftig zurechtfindest.

Wir wollen dich inspirieren, dir Mut machen und dich motivieren, Verantwortung zu übernehmen – für dich, deine Finanzen, deine Gesundheit, deine Beziehungen und deine Entwicklung.

Das erwartet dich

In diesem Buch sprechen wir über Themen, die dich vermutlich früher oder später einholen werden:

- **Wohnen:** Von der Wohnungssuche über den Mietvertrag bis zu den Nebenkosten.
- **Alltagsorganisation:** Ordnung halten, Haushalt führen und nicht verhungern.
- **Gesundheit:** körperlich und mental fit bleiben – und den Zusammenhang zwischen beidem kennen.
- **Finanzen:** Wie du mit Budgets arbeitest, sparst und die Geldsachen sicher regelst.
- **Arbeit und Karriere:** Was Verdienen mit Dienen zu tun hat und Tipps für Bewerbung und Gehaltsverhandlung.
- **Klarkommen:** Selbstführung, Krisen, Motivation und der Umgang mit Konflikten.

Auch wenn wir beide schon einiges erlebt haben, wissen wir, dass wir nicht für jedes Thema Experten sind. Deshalb haben wir das Manuskript vorab an Freunde und Bekannte gegeben, die in ihren Bereichen richtig fit sind: Leute aus der Immobilienbranche, der Finanzwelt, der

Versicherungswirtschaft, ein Arzt, eine Psychologin – und natürlich mehrere aus Oskars Freundeskreis.

Zum Schluss

Natürlich musst du dieses Buch nicht von vorn bis hinten durchlesen. Wahrscheinlich interessiert dich das eine Kapitel im Moment mehr als ein anderes. Das ist okay!

Wir hoffen, dass du dann ein paar Antworten findest, wenn du sie brauchst – und vielleicht auch ein paar neue Fragen entdeckst, die dich weiterbringen. Das Buch soll dich inspirieren, dir Mut machen und dich begleiten, während du deinen eigenen Weg gehst.

Köln und Konstanz, September 2025

Oskar & Tobias

P. S.: Wenn du Lust hast, bleib gern mit uns in Kontakt – auf YouTube, Instagram oder TikTok unter *@dieseroskar* und *@dieserdad*. Und wenn dir beim Lesen ein Gedanke kommt, den wir unbedingt hören sollten: Schreib uns an *kontakt@ploetzlicherwachsen.de*.

ÜBER DIE AUTOREN

Oskar

Oskar ist 23 Jahre alt, lebt in Köln und hat schon mehr Umzüge hinter sich, als ihm lieb ist. Seit 12 Jahren ist er auf Social Media unterwegs, damals als Schüler mit seinen ersten YouTube-Videos, heute vor allem als Instagram- und TikTok-Creator mit den Themen, die ihn und viele in seinem Alter beschäftigen: Einrichtung, junges Wohnen, Selbstständigkeit und alles, was zum Leben auf eigenen Beinen dazugehört.

Das Erwachsenwerden hat für Oskar früh begonnen. Während andere über Hausaufgaben stöhnten, produzierte er nach der Schule Videos und musste sich mit allem befassen, was dazugehört: Lob, Kritik, Verträge, Verhandlungen, Steuern – und der Frage, wie man Arbeit und Freizeit überhaupt trennt.

Diese Mischung aus kreativer Arbeit, ständigem Dazulernen und dem Jonglieren mit Verantwortung hat ihn geprägt. Für dieses Buch trägt er die Perspektive eines jungen Erwachsenen bei, der mittendrinsteckt: mit vielen eigenen Erfahrungen, Erfolgen, Rückschlägen und der Gewissheit, dass Erwachsenwerden nicht an einem bestimmten Geburtstag passiert, sondern ein fortlaufender Prozess ist.

Tobias

Als Tobias 1986 volljährig wurde, stand er kurz vorm Abitur. Sein erstes Geld verdiente er schon mit 13 – als Keyboarder in Bands, an der Kirchenorgel und als Pianist in einer Ballettschule. Nach dem Abi ging er als Zivildienstleistender in die mobile Altenpflege. Damals gab es noch Wehrpflicht, und wer nicht zur Bundeswehr wollte, arbeitete eben länger – bei Tobias waren es volle zwei Jahre.

Anschließend studierte er Schulmusik, Jazz- und Popularmusik sowie später Dirigieren. Über 20 Jahre lang war er als freier Musiker, Regisseur, Schauspieler und Dirigent am Theater tätig, tourte als Kabarettist und moderiert bis heute regelmäßig Shows auf Unternehmensbühnen und im Fernsehen. Nach seiner Coaching-Ausbildung unterstützt er auch Führungskräfte vor Kamera und Publikum.

Pädagogische Themen ließen ihn nie los: 1993 gründete er den TRIALOGO-Verlag, der in Fachkreisen für Spiele und Lernmaterialien zur Sprachförderung bekannt ist. Er schrieb Kindermusicals und setzte sich in seinen Soloprogrammen »ÜberVäter« und

»Testosteron« unterhaltsam mit Erziehung und Mannsein auseinander.

Durch Oskar entdeckte er YouTube und ist seit 2018 als @dieserdad unterwegs: erst mit E-Mobilität, Energiewende und Nachhaltigkeit, heute auch mit Themen wie mentale Gesundheit und Persönlichkeitsentwicklung.

Neben dem Buch »Feierkunst« (über die Kunst, Veranstaltungen zu planen und durchzuführen) veröffentlichte er mit »Neuland« sowie dem Stiftung-Warentest-Ratgeber »Tiktok, Snapchat und Instagram« zwei weitere Bücher über den Umgang mit Social Media.

01.

GOODBYE, HOTEL MAMA – DEIN START IN DIE SELBSTSTÄNDIGKEIT

Zum ersten Mal schließt du eine Wohnungstür auf, zu der deine Eltern keinen Schlüssel haben. Am Briefkasten und an der Klingel steht dein Name. Du stehst jetzt auf eigenen Beinen und wohnst in deinen eigenen vier Wänden.

Es ist wohl der Moment, in dem Erwachsenwerden besonders intensiv erlebbar wird. Ein Gefühl von Freiheit und Stolz erfüllt dich, aber auch eine gewisse Unsicherheit: Wie ist das wirklich, die volle Verantwortung für sein Leben zu übernehmen?

Als Tobias mit 21 auszog, war sein Umzug nicht besonders weit. Die 4er-WG, in der die Zivis der Mobilen Altenpflege untergebracht waren, lag nur 100 Meter neben der Wohnung seiner Eltern.

»Auszug light« könnte man das nennen. Eine Wohnungssuche war nicht nötig, die dreckige Wäsche konnte er am Wochenende über die Straße nach Hause tragen. Und manchmal schickte seine Mutter sogar »Care-Pakete« an einer Art Seilbahn über den Balkon zu ihm hinüber.

Als Oskar mit 19 auszog, fuhr er mit dem Transporter immerhin 550 Kilometer weit nach Köln. Er hatte dort zusammen mit einem Schulfreund eine Drei-Zimmer-Wohnung angemietet. Und da bei diesem erst noch die Abiturprüfung anstand, verbrachte

Oskar die ersten acht Monate ganz allein in der 114 Quadratmeter großen Erdgeschosswohnung.

Während Tobias von 6 bis 20 Uhr im Schichtbetrieb durch Konstanz fuhr, alte Menschen besuchte und unterstützte, war Oskar auf sich allein gestellt. Als selbstständiger YouTuber und Influencer musste er seinen Alltag komplett selbst organisieren – unterschiedliche Modelle, unterschiedliche Herausforderungen.

Je nachdem, wie weit du von zu Hause wegziehst und ob vor dir eine Ausbildung, ein Studium oder ein Start-up liegt, wird es bei dir vielleicht ganz anders aussehen.

Manche Themen und Herausforderungen sind jedoch für alle gleich – und um die dreht sich dieses Kapitel. Los geht's!

Die WOHNUNGSSUCHE

Geduld und Optimismus

Die Wohnsituation kann in vielen Städten ziemlich entmutigend sein. Vor Semesterbeginn schreiben die Zeitungen regelmäßig Horrorberichte über die Wohnungsnot unter Studierenden: »Wohnungsnot: Studenten müssen in Notlager ausweichen«, »Studierende sind verzweifelt: Lage in deutschen Städten spitzt sich zu.«

Oft ist es nicht einfach, eine bezahlbare Wohnung zu finden, bei den meisten klappt es aber doch irgendwie. Geduld und Zuversicht sind zwei gute Voraussetzungen für die Suche nach einem neuen Zuhause. Oder wie es schon im Matthäus-Evangelium heißt: »Suchet, so werdet ihr finden …« – ein Satz, der überraschend gut zur Wohnungssuche passt

Rechtzeitig beginnen

Die allgemein bekannte »Wohnungsnot« sollte vor allem dazu führen, dass du rechtzeitig anfängst zu suchen. Wenn du gut vorbereitet und klug unterwegs bist, reichen vielleicht auch drei intensive Wochen. Aber vielleicht musst du erst noch herausfinden, wie die Stadt »tickt«, in die du ziehen willst – dann sind zwei oder drei Monate schnell rum. Und du willst ja nicht beim erstbesten Angebot zuschlagen müssen.

Also suche lieber frühzeitig und zieh gleich in eine Wohnung, die sich langfristig wie dein Zuhause anfühlt. Denn eins ist klar: Jeder Umzug kostet Zeit, Geld und Nerven.

Allgemein werden Wohnungen und WG-Zimmer eher im Frühling und Sommer frei als im Winter – bei Kälte und Schneeregen will keiner gern umziehen. Eine noch größere Rolle spielt aber das Ende des Semesters oder des Ausbildungsjahres. In der Zeit zwischen zwei Semestern oder in der Sommerpause findet am häufigsten ein Wechsel statt. Erkundige dich also am besten möglichst früh, wann in deiner neuen Lieblingsstadt die Chancen auf freie Wohnungen am größten sind.

Persönliche Bedürfnisse klären

Bevor du anfängst zu suchen, lohnt es sich auch, ein paar Gedanken darauf zu verwenden, welche Art von Wohnung am besten zu dir passt: Wirst du deine Tage vor allem bei der Ausbildung oder Arbeit verbringen und nur nachts zum Schlafen heimkommen? Oder brauchst du einen Raum, in dem du in Ruhe und ungestört einige Stunden am Tag lernen und arbeiten kannst – am besten mit Licht und Blick ins Grüne?

Suchst du eher Gemeinschaft, Action und Leute um dich oder brauchst du deine Ruhe und magst es nicht, wenn andere in deinen Rhythmus reinfunken?

Am einfachsten überlegst du dir, wie deine Wohnsituation in den letzten Jahren war: Wie viel Platz hattest du? Was hat dich gestört, was war angenehm, was würdest du vermissen? Denk auch an scheinbar Selbstverständliches, das dir erst auffällt, wenn es fehlt – wenn etwa dein Bad kein Tageslicht mehr hat oder du für jeden Klogang durch den kalten Hausflur latschen musst …

Allein, zu zweit, Wohnheim oder WG?

Natürlich spielt der Mietpreis eine Rolle bei der Entscheidung, ob du allein oder in einer WG wohnst. WG-Zimmer gibt es im Schnitt um die 500 Euro. In München, Hamburg, Berlin, Frankfurt oder anderen beliebten Städten können es allerdings auch 600 bis 800 Euro oder mehr sein. Eine Ein- oder Anderthalb-Zimmer-Wohnung ist meist teurer.

Wohnheime sind oft ein guter Mittelweg – du hast Leute um dich, aber auch mal deine Ruhe. Studierendenwerke und Arbeitgeber bieten in vielen Städten eine solche Lösung an. Und natürlich ist der Gedanke verlockend, mit ein paar Freunden gemeinsam eine größere

Wohnung zu finden, was meistens deutlich günstiger ist, als entsprechend viele WG-Zimmer anzumieten.

Dabei solltest du aber bedenken: Freundschaft und zusammen wohnen sind zwei verschiedene Dinge. In einer WG prallen Kulturen aufeinander, Erziehungsstile und Persönlichkeiten. Was sich beim Feiern oder Kinobesuch noch völlig richtig anfühlt, kann im Alltag nerven – vor allem wenn es ums Einkaufen, Putzen oder Rücksichtnehmen geht …

Ein Mitbewohner, der nicht aus dem Bett kommt, kann deine Arbeitsmoral beeinträchtigen. Wenn deine beste Freundin eines Tages einen Partner oder eine Partnerin mit in die Wohnung bringt, können sich Sympathien verändern – und deine Wohnqualität gleich mit.

Nicht zuletzt gehst du in einer WG ein Vertragsverhältnis mit deinen Freunden ein, das finanzielle Verpflichtungen mit sich bringt. Das Sprichwort »Bei Geld hört die Freundschaft auf« könnte wahrer sein, als du denkst.

Andererseits kann es auch sehr bereichernd sein, mit guten Freunden zusammenzuwohnen oder mit Menschen, die es vielleicht werden. Oskars Schwester lebte viele Jahre in WGs und war sehr zufrieden damit.

Wie auch immer du dich entscheidest: Freu dich auf eine spannende Zeit! Du wirst viel über das Zusammenleben lernen. Ob mit oder ohne WG, im Wohnheim, in der Ein-Zimmer-Wohnung oder im großen gemeinsamen Wohnprojekt – du bist nicht allein. Und du lebst zum ersten Mal Wand an Wand mit Menschen, die nicht deine Familie sind. Welcome to the real world!

Perspektivwechsel

Für die Wohnungssuche und auch später für das Bewerbungsgespräch ist folgendes Gedankenspiel vielleicht interessant: Denk mal andersherum! Stell dir vor, die Wohnung gehört dir. Wen würdest du einziehen lassen – und warum?

Klar. Als Vermieter willst du jemanden, der sorgsam mit deinem Eigentum umgeht, pünktlich zahlt, nicht sofort wieder auszieht und keinen Stress macht. Auf dem Weg dorthin möchtest du mit möglichst geringem Aufwand möglichst viele Informationen über potenzielle Mieter bekommen, eine gute Vorauswahl treffen und möglichst wenig Zeit mit Vorstellungsgesprächen verbringen.

Würdest du selbst einen Nachmieter für deine WG suchen, wären außerdem die Interessen deiner Mitbewohner wichtig. Vermutlich entscheiden sie sogar gleichberechtigt mit.

Den Nachmieter für ein WG-Zimmer würdest du deshalb vielleicht am ehesten in deinem direkten Umfeld erreichen, wo sich Menschen im ähnlichen Alter, mit ähnlichen Interessen oder sogar Studiengängen aufhalten, die vielleicht genauso gut wie du in die WG passen.

Als Investor oder Eigentümer eines Mehrfamilienhauses würdest du vielleicht einen Makler oder eine Hausverwaltung einsetzen oder dein Mietangebot in ein Online-Portal einstellen, um dann in Ruhe Anfragen zu sichten und nur mit ausgewählten Interessenten persönlich Kontakt aufnehmen zu müssen.

Als etwas älterer Hausbesitzer würdest du vielleicht ganz traditionell in der lokalen Zeitung oder im Kleinanzeigenblatt inserieren oder dort die Mietgesuche studieren.

Für dich bedeutet das: Du hast eine lange Liste an Möglichkeiten abzuarbeiten – und leider gilt hier: Mehr ist tatsächlich mehr …

Neben Geduld und Optimismus brauchst du also ein bisschen Ausdauer und Beharrlichkeit.

Ideen für die Wohnungssuche

- Das eigene Netzwerk, Freunde, die Freunde von Freunden und deren Freunde …
- Das Netzwerk der Eltern
- Posts auf Social-Media-Kanälen
- Posts in privaten Gruppen auf WhatsApp, Telegram etc.
- Portale wie ImmoScout24, Immowelt, WG-Gesucht oder Wunderflats (Bei manchen ist ein kostenpflichtiger Account sinnvoll, um rechtzeitig über Angebote informiert zu werden.)
- Gedruckte Zeitungen und Kleinanzeigenblätter
- Schwarze Bretter in Uni, Hochschule, Studierenden-Wohnheim oder beim künftigen Arbeitgeber bzw. Ausbildungsbetrieb
- Eigene Inserate und Gesuche auf Portalen, in Zeitungen und an Schwarzen Brettern
- Webseiten größerer Hausverwaltungen (zum Beispiel Vonovia) oder des Studierendenwerks
- Wohnungsbaugenossenschaften, die Wohnungen an ihre Mitglieder nach Wartezeit vergeben.

Makler – »Letzte Rettung« oder »Rette sich wer kann«?
Aus irgendeinem Grund haben Makler bei vielen einen schlechten Ruf. Oskar und Tobias kennen jedoch auch durchaus nette Vertreterinnen und Vertreter dieser Zunft. Im Grunde erledigen sie für ihre Kunden die leidige Suche und bekommen dafür eine Provision, das ist alles.

Wenn du eine Wohnung über einen Makler angeboten bekommst, bezahlt der Vermieter ihm dafür eine Provision von maximal zwei Monatskaltmieten. Damit hat er keine Arbeit, und dir entstehen dadurch keine weiteren Kosten.

Vielleicht ist die vermittelte Wohnung kein ausgesprochenes Schnäppchen, sondern eher fair bepreist. Andererseits kannst du sicher sein, dass keine Wuchermieten aufgerufen werden, keine zu niedrig angesetzten Nebenkosten das Angebot verfälschen und dass alles professionell und rechtmäßig abläuft. Genau dafür haften nämlich die Makler mit ihrer Dienstleistung.

Wenn du selbst einen Makler beauftragst, bezahlst du die Provision, denn es gilt das Bestellerprinzip. Ein guter Makler verfügt über ein Netzwerk, kennt die Stadt »wie seine Westentasche« und berät dich optimal, wie du dich bei den Anbietern anpreisen kannst. Du wartest entspannt, dass er für dich Besichtigungstermine ausmacht. Gerade bei angespannten Wohnungsmärkten und Zeitnot kann sich das durchaus rentieren.

Die ideale Vorbereitung

In jedem Fall solltest du auf die Suche gut vorbereitet sein und die wichtigsten Informationen, die einen künftigen Vermieter interessieren, auf digitalen Plattformen bereitstellen können: ausgefüllte Mieterselbstauskunft, Musteranschreiben, ggf. Einkommensnachweis, ggf. Bürgschaft der Eltern, Schufa-Auskunft, Personalausweis.

Du brauchst außerdem ein sympathisches, kurzes und gut formuliertes Anschreiben, in dem du die wichtigsten Infos zu deiner Person nennst, deine Bonität (Zahlungsfähigkeit) unterstreichst und kurz umreißt, warum du umziehst. Deine künftigen Vermieter suchen schließlich niemanden, der gerade aus einer anderen Wohnung rausgeworfen wurde oder ständig umzieht.

Wenn dich eine Anzeige anspricht, musst du sehr schnell sein. Schicke deine Bewerbung ruhig auf mehreren Wegen ab, zum Beispiel an die angegebene Mailadresse und zusätzlich per Brief an die im Impressum angegebene Adresse. Gibt es eine Chance, anzurufen? Dann nutze sie! Je schneller und entschiedener du dein

Interesse bekundest, umso besser – natürlich ohne jemandem auf die Nerven zu fallen.

Musteranschreiben

Sehr geehrte Frau ... Sehr geehrter Herr ... (korrekter Name!),

Eben habe ich auf ... (Ort des Inserats) Ihre wunderschöne 1,5-Zimmer-Wohnung / das wunderschöne Zimmer gesehen und war sofort begeistert! Es wäre der perfekte Ort, um in den kommenden drei Jahren meine Studienzeit zu verbringen.

Nachdem ich mein Abitur in meiner Heimatstadt Osnabrück bestanden habe, werde ich zum Wintersemester mein Studium an der Pädagogischen Hochschule mit den Hauptfächern Deutsch und Englisch aufnehmen. Ich lese gerne und viel, liebe Spaziergänge und die Natur. Deshalb würde ich mich sehr freuen, vom Balkon aus ins Grüne schauen zu können.

Da ich noch kein Einkommen habe, erhalte ich von meinen Eltern ausreichend Ausbildungsunterhalt, um die Miete pünktlich bezahlen zu können. Gerne stellen sie Ihnen auch eine Bürgschaft aus.

Ich habe keine Haustiere, bin Nichtraucher und freue mich sehr auf einen Besichtigungstermin.

Herzliche Grüße

(dein Name/Unterschrift)

Der entscheidende Anruf

Der Wohnungsmarkt ist in vielen Städten so angespannt, dass du damit rechnen musst, überhaupt keine Antwort auf eine Bewerbung zu bekommen. Gründe dafür gibt es viele: Du warst zu spät, es gab zu viele andere Bewerber oder die Vermieter haben auf anderem Wege schon jemanden gefunden, bevor du deine Bewerbung überhaupt abgeschickt hattest. Meist werden nur die ersten 100 Anfragen überhaupt gelesen.

Aber es gilt das »Gesetz der großen Zahlen«, also nimm es nicht persönlich. Nicht aufgeben, einfach weitermachen und dranbleiben! Und eines Tages bekommst auch du die Einladung zur Zimmer- oder Wohnungsbesichtigung – oder einen Anruf …

Wenn dich dein zukünftiger Vermieter anruft, bist du bereits mitten im Bewerbungsprozess. Sei also auch darauf vorbereitet: Du hast geschrieben, dass dir der Balkon so gut gefällt – dann solltest du jetzt nicht erkennen lassen, dass du aufgrund der 50 Bewerbungen leider keinen Schimmer hast, um welche Wohnung es sich handelt.

Frage vorsichtig nach, um »welche der beiden Wohnungen« es sich handelt, auf die du dich beworben hast. Und führe eine Liste, damit du mit dem genannten Straßennamen auch etwas anfangen kannst.

Im folgenden Kapitel gehen wir näher darauf ein, worauf es bei einer Besichtigung oder einem Vorstellungsbesuch ankommt. Vorher wollen wir aber noch sicherstellen, dass das lang ersehnte Angebot überhaupt echt ist. Denn schwarze Schafe gibt es überall …

Scheinangebote

Wo immer jemand verzweifelt auf der Suche ist, wird sich auch jemand finden, der diese Verzweiflung ausnutzen möchte.

Die frisch renovierte Zwei-Zimmer-Wohnung mit 60 Quadratmetern und Balkon in bester Lage für 650 Euro warm könnte der ideale Lebensraum für dich und deinen Freund sein. Es kann aber auch sein, dass sie überhaupt nicht existiert.

Sie könnte als Vorwand dienen, um deine Aufmerksamkeit auf teurere Angebote dieses Anbieters zu lenken. Oder es stecken sogar Betrüger dahinter, die deine Verzweiflung und Leichtgläubigkeit ausnutzen wollen.

Immer wenn die Miete ungewöhnlich günstig ist, eine Besichtigung nicht möglich ist oder vor Vertragsabschluss eine Zahlung gefordert wird, solltest du skeptisch sein.

Der normale Weg ist: Erst kommt die Wohnungsbesichtigung, dann wird der Mietvertrag unterzeichnet.

Um den vereinbarten Mietbeginn herum werden die Schlüssel persönlich ausgehändigt und ein Übergabeprotokoll erstellt. Zu dieser Wohnungsübergabe wird dann die Kaution fällig. Danach kann der Einzug erfolgen. Die erste Miete muss am dritten Werktag des Einzugsmonats auf dem Konto sein.

Wenn jemand von dieser Reihenfolge abweichen will, solltest du hellhörig werden – da steckt meist nichts Gutes dahinter. Egal welche Geschichte erzählt wird. Zum Beispiel, dass die Vermieter im Ausland leben und du deshalb schon vor der Vertragsunterzeichnung oder gar vor der Besichtigung Geld überweisen sollst, damit dir dann Vertrag und Schlüssel per Post zugeschickt werden. Nicht machen!

Auch Sonderzahlungen, damit du bei der Besichtigung überhaupt berücksichtigt werden kannst, oder andere »Reservierungsgebühren«, die deine Chancen erhöhen, sind nicht seriös. Wenn du dir unsicher bist, rufe bei der zuständigen Hausverwaltung an, ob es den Eigentümer wirklich gibt.

Nebenbei: Ein Einfallstor für Betrüger aller Art kann auch dein eigenes Inserat sein. Das ist im Grunde eine sehr vielversprechende Möglichkeit bei der Wohnungssuche, denn viele Anbieter streifen lieber selbst durch die Angebote, als Hunderte von Mails abzuarbeiten. Dadurch, dass du im Inserat persönliche Daten preisgegeben hast, kannst du schnell zum Ziel von Scam-Mails, Fake-Angeboten und anderen miesen Tricks werden. Also sei auch in dieser Hinsicht aufmerksam.

Ablöse

Manchmal haben Vormieter Möbel angeschafft oder eingebaut, die sie gern gegen eine Entschädigung in der Wohnung lassen möchten. Wenn du diese Ablöse für den Einbauschrank oder die Küche nicht leisten willst, kann das deine Chancen schmälern, auf die Vorschlagsliste für den Vermieter zu kommen.

Wenn die Forderung realistisch ist und dem Zeitwert entspricht, hast du gute Chancen, eine entsprechende Summe auch beim eigenen Auszug von deinem Nachmieter zu bekommen.

Sonst gilt, dass die Ablöse rechtlich gesehen keine Bedingung für die Vermietung ist. Auf eine überhöhte Ablöse musst du dich also nicht einlassen. Wenn dir die Wohnung gefällt, bekunde auf alle Fälle dein Interesse an den angebotenen Möbeln. Über die genaue Summe werdet ihr euch schon einig, wenn der Mietvertrag geschlossen ist. Bezahlen musst du die Ablöse erst, wenn der Vertrag unterschrieben ist.

Andere Besonderheiten

Vor einer Besichtigung lohnt es sich auch, noch einmal ganz genau zu prüfen, ob du alle Details des Angebots im Wohnungssuchfieber auch wahrgenommen und verstanden hast. Weißt du beispielsweise, was eine »textilfreie« WG bedeutet? Da fehlen jedenfalls nicht die Teppiche und Vorhänge ...

Wenn du also Interesse hast, in einer FKK-WG zu leben, ist das natürlich absolut in Ordnung. Aber nicht jeden begeistert die Vorstellung, abends nackt zusammen auf dem Sofa Filme zu schauen. Und nicht jede findet es wünschenswert, wenn auch beim Duschen oder auf dem Klo die Tür offen bleibt. Also auch die Details sorgfältig lesen.

Sonderfall Tauschwohnung

Wenn du bereits eine Wohnung hast, aber gern in eine kleinere oder größere wechseln möchtest, kannst du auch einen Wohnungstausch in Betracht ziehen. Das machen vor allem Paare – entweder weil sie zusammenziehen oder sich trennen. Oder du hast, um im neuen Wohnort anzukommen, zunächst die »nächstbeste« Wohnung genommen und möchtest jetzt eine noch bessere suchen.

Auf darauf spezialisierten Plattformen wie wohnungsswap.de oder tauschwohnung.com kannst du deine Wohnung mit Bildern und Informationen inserieren und beschreiben, was du dir im Tausch dafür wünschst. Falls es eine glückliche Übereinstimmung mit einem anderen Gesuch gibt, hast du die Möglichkeit, an Wohnungen zu kommen, die du sonst nie gesehen hättest. Wer tauschen will, inseriert ja seine Wohnung nicht als Vermietungsangebot, solange er selbst nichts Neues hat.

Wichtig ist, dass dein Vermieter dem Tausch zustimmen muss und dass es dabei zu einem neuen, angepassten Mietvertrag kommen kann. Möglicherweise wird es also aufwendiger, bis der Tausch wirklich über die Bühne geht.

Wenn alles klappt, kannst du im optimalen Fall tatsächlich am selben Tag aus deiner alten Wohnung aus und in deine neue Wohnung einziehen und gleich zwei Probleme auf einmal lösen.

Die BESICHTIGUNG

Da du in kurzer Zeit erkennen musst, ob sich die Wohnung für viele Stunden deiner Lebenszeit eignet, solltest du am besten bereits vorher ein paar Dinge recherchieren:

- Wie ist die Lage? Was für Menschen leben in diesem Viertel? Oskar merkte leider erst nach dem Einzug, dass sich im Hinterhof regelmäßig Junkies trafen und ihr Spritzbesteck hinterließen …
- Gibt es Gaststätten, Clubs, Kindergärten oder andere Einrichtungen in der Nähe, die dir tags oder nachts die Ruhe rauben könnten?
- Wie sieht es mit Einkaufsmöglichkeiten und Haltestellen des ÖPNV in der Nähe aus?
- Fühlst du dich wohl dabei, nachts allein durch diese Straße zu laufen?
- Wohnen die Vermieter im selben Haus oder mit gutem Blick gegenüber? Dann solltest du sie dir so gut anschauen wie wenn es Mitbewohner wären …

Idealerweise gehst du schon vorher mal zu einer anderen Tageszeit an der Adresse vorbei. Sonst sind vielleicht zum Besichtigungszeitpunkt Kindergarten und Einzelhandel geschlossen, der Club noch zu und es ist kein Berufsverkehr auf den Straßen. Um später Überraschungen zu vermeiden, könntest du beispielsweise mal unter der Woche um 17 Uhr oder am Freitagabend um 22 Uhr vorbeifahren.

Mentale Vorbereitung

Nun ist der große Tag da, und du gehst zu deiner vielleicht ersten Wohnungsbesichtigung. Wir gehen jetzt mal davon aus, dass du nicht nach durchgefeierter Nacht aussiehst (oder riechst) und auch nicht mit Flip-Flops und Bermudas zur Besichtigung kommst.

Auch auffällige Piercings im Gesicht oder politische Statements auf dem Arm, die man durch dein Tanktop direkt sieht, erzählen etwas über dich. Überprüfe, ob es die Geschichte ist, die dein Vermieter über dich wissen soll.

Durch die Übung mit dem Perspektivwechsel weißt du ja schon, was Vermieter glücklich macht: Du solltest ihnen die Sicherheit geben, dass du dir die Wohnung leisten kannst, dort eine Weile wohnen willst und ein angenehmer Mieter sein wirst. Nicht mehr, aber auch nicht weniger.

Wie würdest du das als Vermieter herausbekommen? Zum Beispiel durch ein nettes Gespräch, in dem du etwas über Hobbys, den Charakter und die persönliche Reife deines künftigen Mieters erfährst. Oder mit direkten Fragen wie diesen:

- »Wie lange suchen Sie schon?« – (Bist du vielleicht ein Luftikus, der glaubt, man kann eine Woche vor Semesterbeginn anfangen, oder suchst du schon ewig und hast also entweder zu hohe Ansprüche oder sonst einen Fehler? Beides nicht gut.)
- »Haben Sie schon mal allein gewohnt?« – (Kannst du einen Haushalt führen und eine Wohnung selbst in Schuss halten, oder wartest du noch darauf, dass deine Mutter dein Zimmer aufräumt?)
- Bei Paaren/Freunden: »Kennen Sie sich schon lange?« – Habt ihr schon ausreichend ausprobiert, ob das Miteinander klappt, oder verkracht ihr euch in ein paar Wochen und einer will ausziehen?

Es schadet nichts, wenn du dir über diese Dinge Gedanken gemacht und eine Antwort parat hast, damit du nicht vor deinen Vermietern anfängst, herumzustottern.

Freudig und authentisch

Du wirst mit 40 anderen Bewerbern in wenigen Minuten durch die Wohnung geschleust oder musst lange warten? Egal. Freue dich, dass die Vermieter sich die Mühe machen und so vielen die Chance zur Besichtigung geben! Du hast Nervenflattern, weil du dich gleich in der WG vorstellen musst? Freue dich darauf, Menschen kennenzulernen, die vielleicht bald deine Freunde sind.

Eine optimistisch-freudige Ausstrahlung mögen auch die meisten Vermieter gern. Auch wenn es »nur« um eine Wohnung geht und nicht um einen Job oder eine Heirat für immer – Menschlichkeit und Sympathie spielen in jeder Beziehung eine entscheidende Rolle.

Sei also positiv, präsent, zum Beispiel mit deinem Händedruck und dem Blick in die Augen, und authentisch. Die meisten Menschen erkennen gut, ob du ihnen etwas vorspielst. Das heißt natürlich nicht, dass du ungeduscht, völlig verkatert und in Partykleidung direkt von der letzten Nacht auftauchen musst …

Vielleicht bist du etwas verzweifelt, weil du immer noch keine Wohnung gefunden hast. Das wiederum solltest du nicht unbedingt kommunizieren und zu »bedürftig« wirken. Die meisten reagieren eher genervt, wenn man sie emotional unter Druck setzt –

nach dem Motto »Bitte geben Sie mir die Wohnung. Sie sind meine letzte Hoffnung, sonst muss ich auf der Straße schlafen!«

Vielleicht nimmst du auch jemanden zur Wohnungsbesichtigung mit. Bei Schulabgängern und jungen Erwachsenen hat ein Vermieter sicher Verständnis, wenn ein Elternteil dabei ist – zumal Eltern ja häufig als Bürgen für die Miete auftreten.

Grundausstattung für die Besichtigung

- Anschreiben (korrekter Name des Vermieters!)
- Selbstauskunft mit den wichtigsten persönlichen Daten
- Schufa-Auskunft oder Einkommensnachweis
- evtl. Bürgschaft deiner Eltern

Stecke alles in eine dünne Mappe, die du dem Vermieter überreichen kannst, wenn er das möchte.

- Schreibzeug für Notizen
- Checkliste (siehe unten)
- Zollstock / Meterstab

Bei der Besichtigung kann es sinnvoll sein, einmal kurz durch die Wohnung zu gehen und mit der Handykamera zu filmen. Dann erinnerst du dich später besser, kannst Details überprüfen und Freunde um ihre Meinung fragen. Vermeide aber, dabei andere Personen oder den Vermieter zu filmen. Die mögen das oft gar nicht. Am besten fragst du vorher nach.

Ach, und wenn du dein Smartphone schon in der Hand hast: Schau mal auf den Mobilfunkempfang – es gibt in Deutschland durchaus Netzlücken, dicke Mauern und störende Bauelemente. Und wenn du dich später zum Telefonieren jedes Mal aus dem Fenster lehnen musst, macht das nicht unbedingt Spaß.

Darauf kommt es an

Mach dir kurz vor der Besichtigung noch einmal klar, worauf du Wert legst, und bleib entspannt! Sonst fällt dir vielleicht in der ersten Aufregung gar nicht auf, dass der Aufstieg in den fünften Stock ohne Aufzug doch recht anstrengend ist. Vor allem, wenn du immer dein Fahrrad mit in die Wohnung nehmen willst.

In der Wohnung zählt der erste Eindruck: Fühlt sich das gut an? Wie bei jedem ersten Kennenlernen entscheidet dein Gefühl oft in den ersten paar Sekunden, ob es passt oder nicht. Hör darauf!

Bei deinem Rundgang willst du einerseits mögliche Nachteile nicht übersehen. Du willst aber auch nicht wie ein Autohändler bei der Rückgabe des Mietwagens rüberkommen und akribisch nach Fehlern suchen. Die folgenden Gedanken sollen dir deshalb helfen, alles Wichtige durch gute Vorbereitung wie nebenbei zu erfassen. Dann kannst du während der Besichtigung ein nettes Gespräch mit den Vermietern führen. Denn vor allem geht es jetzt darum, in möglichst guter Erinnerung zu bleiben, damit du die Wohnung später auch wirklich bekommst.

TIPP: Zieh beim Eintreten deine Schuhe aus. Das machst du zu Hause sicher auch immer, um keinen unnötigen Dreck reinzutragen ...

Damit beweist du einerseits deine Rücksichtnahme und Ordentlichkeit und gleichzeitig bietet dir das die wunderbare Möglichkeit, die Räume auf Socken zu erkunden – die natürlich keine Löcher haben (und vielleicht auch kein Hanfblattmotiv). Dabei erspürst du angenehmes Parkett, kalte Fliesen, wellige Dielen und weiche Teppichböden. Fühl dich schon mal wie zu Hause – oder eben nicht!

Der Rundgang

Für den ersten Eindruck macht es einen Unterschied, ob Möbel in den Zimmern stehen oder nicht. Ein leeres Zimmer wirkt oft größer, als es ist. Auch Deckenhöhe oder Farben können täuschen. Der Blick in ein benachbartes, möbliertes Zimmer gibt dir einen besseren Anhaltspunkt.

Schau dir die Fenster genauer an. Klar, du willst es hell haben und idealerweise ins Grüne blicken. Aber Fenster sollen dich auch vor Lärm, Kälte und Hitze schützen. Mit alten Kastenfenstern wirst du höhere Heizkosten haben und jedes Hupen hören. Bei dichten, dreifach verglasten Kunststofffenstern musst du dagegen regelmäßig lüften, damit sich kein Schimmel bildet.

Hilfreich ist auch, zu wissen, in welche Himmelsrichtung die Fenster zeigen. Es gibt Apps, die den Sonnenstand nachzeichnen. Liegt dein Zimmer nach Norden, siehst du die Sonne nie. Liegt es nach Süden, wäre im Sommer ein Rollladen gut.

Besondere Vorsicht ist bei Dachgeschosswohnungen geboten. Oskar freute sich anfangs sehr über die Helligkeit seiner riesigen Dachflächenfenster – nach dem ersten Sommer mit 30 Grad im Schlafzimmer aber nicht mehr ganz so.

Dann interessieren dich natürlich noch das Bad (gibt es einen Anschluss für eine Waschmaschine?) und die Küche. Spüle und Anschlüsse für Herd und Geräte sind das Minimum. Noch besser ist eine vorhandene Einbauküche, sonst musst du Herd und Kühlschrank selbst anschaffen. Ein Backofen ist praktisch, aber nicht zwingend. Eine Spülmaschine ist Ansichtssache und lässt sich bei Platz auch später nachrüsten. Wichtiger sind dagegen genügend Flächen zum Vorbereiten und Kochen.

Außerdem nimmst du einen Gesamteindruck vom Renovierungsstand und der Ausstattung mit. Liegt auf dem Boden frisch geöltes Vollholzparkett, günstiges Laminat oder uralter Kunststoff? Sind die Wände sauber gestrichen und ohne Löcher?

Neben dem Wohnraum schaust du dir auch Nebenräume an: Ein Kellerabteil oder ein Speicher ist praktisch für Winterkleider, Schlitten oder alte Unterlagen – solange es trocken ist. Ein Fahrradkeller ist ebenfalls praktisch, ebenso eine Waschküche. Dann brauchst du keine eigene Waschmaschine, sondern kannst Waschmaschinen der Hausgemeinschaft gegen Gebühr nutzen – oder natürlich in den Waschsalon um die Ecke gehen.

Wenn du ein Auto hast, spielt die Parkplatzsituation eine Rolle. In vielen Städten ist Parken so teuer, dass du auch gleich Taxi fahren könntest. Wird ein Parkplatz oder Tiefgaragenplatz günstig mitvermietet, ist das ein Pluspunkt – wenn du das Auto wirklich brauchst.

Und überhaupt: Was immer dir bei der Besichtigung gefällt – sag es dem Vermieter. Zeig, dass du sein Angebot schätzt. Er hat sich irgendwann mal viele Gedanken über die Wohnung gemacht und freut sich, wenn du das anerkennst. Dann behält er dich eher in Erinnerung!

Checkliste für die Wohnungsbesichtigung

Eine kleine Checkliste, die du gedanklich abarbeiten und nach der Besichtigung ausfüllen kannst, könnte folgendermaßen aussehen:

- ◯ Besichtigungstermin
- ◯ Name, Adresse, Telefonnummer vom Vermieter
- ◯ Zimmerzahl, Quadratmeter, Baujahr
- ◯ Bad, Waschmaschine, Kücheneinrichtung (Spülmaschine)
- ◯ Heizung, Fenster ➡ beachte Nebenkosten und Geräuschkulisse
- ◯ Internet, Mobilfunkempfang
- ◯ Bodenbeläge, Renovierungsstand (PVC, Laminat, Parkett)
- ◯ Keller, Speicher, Waschmaschine/Waschküche, Parkplatzsituation
- ◯ Bewohnerstruktur, Busanbindung, Balkon/Garten
- ◯ Mietzins, Kaution, Ablöse, Maklergebühr?
- ◯ Bezugstermin

Bleib in Erinnerung

Also: Gefällt dir die Wohnung? Passt sie zu dir? Dann sag das dem Vermieter sofort! Auch wenn du dir nicht zu 100 Prozent sicher bist – lieber heute Interesse zeigen, als morgen bereuen, dass du's nicht getan hast. Absagen kannst du immer noch.

Hilf dem Vermieter, eine Entscheidung für dich zu treffen. Bei vielen Bewerbern wollen die Vermieter den besten aussuchen. Und je mehr Argumente du für dich lieferst, desto sicherer und besser fühlen sie sich mit der Entscheidung.

Sage deinem künftigen Vermieter nicht nur, dass du die Wohnung gern mieten würdest, sondern auch, was dir an der Wohnung besonders gut gefällt. Warum du dir genau in dieser Wohnung gut vorstellen könntest, zu leben. Das zeigt, dass du dir wirklich Gedanken gemacht hast – und nicht einfach irgendwas suchst. Das stärkt das Vertrauen des Vermieters, dass du ein Mieter sein könntest, der genau seine Wohnung wertschätzt und deshalb der Richtige ist.

Anker setzen

Dein Ziel ist also, dass die Vermieter ein gutes Gefühl mit dir verbinden. Damit sie sich daran am nächsten Tag noch erinnern, hinterlasse etwas als »Anker«:

- Hinterlasse deine vorbereitete Unterlagenmappe, die du natürlich individuell und einzigartig gestaltet hast. Dein Foto auf dem Anschreiben ist sicher eine gute Gedächtnisstütze.
- Überreiche eine Visitenkarte oder ein originelles kleines Mitbringsel, das als Anker dient – natürlich ohne in irgendeiner Weise aufdringlich oder als Bestechungsversuch zu wirken.
- Male auf die Selbstauskunft, die du vor Ort ausgefüllt hast, spontan eine Blume oder ein Smiley hinter deinen Namen.
- Erzähle beim Rundgang eine Geschichte, die etwas mit dir zu tun hat und die an dich erinnert.
- Sprich detailliert wertschätzend über die Wohnung oder das Zimmer und erzeuge eine Vorstellung, wie du dort glücklich und zufrieden leben wirst – natürlich nur, wenn es dir wirklich gut gefällt.

- Schreibe, sobald du wieder zu Hause bist, eine E-Mail und schicke die vereinbarten Unterlagen. Bedanke dich noch einmal für die nette Besichtigung und bekunde dein Interesse an der Wohnung.

Wenn du von diesen Dingen das eine oder andere umgesetzt hast, sind deine Chancen deutlich gestiegen.

Vielleicht stimmt aber auch einfach die Chemie nicht so richtig: Die Wohnung ist genau dein Fall, aber du und die Vermieter passen nicht zusammen. Auch das ist menschlich und normal. Dann klappt es halt bei der nächsten Besichtigung!

WG-Besichtigung

Wenn du dich in einer WG bewirbst, gelten eigentlich alle bisherigen Punkte genauso. Auch die WG sucht Gründe, um sich für dich zu entscheiden. Hilf ihnen dabei!

Natürlich ist Authentizität ganz besonders wichtig. Wenn du ein großer Heavy-Metal- und Tattoo-Fan bist, ist das vielleicht genau der Moment, in dem du ruhig ein bisschen was davon zeigen kannst. Wenn die WG lieber Mozart hört, bist du da sowieso nicht richtig.

Die Besonderheit bei einer WG-Bewerbung ist, dass du im Vorstellungsgespräch nicht nur deine *Vermieter* kennenlernst, sondern auch noch deine *Mitbewohner*. Ihr werdet schließlich ziemlich viel Zeit miteinander verbringen …

Dieser Spagat ist nicht ganz einfach. Als Mitmieter oder Untermieter wünscht man sich einen korrekten und verlässlichen Vertragspartner. Als Mitbewohner stellt man sich eher jemanden vor, mit dem man persönlich gut zurechtkommt, Interessen teilt und den Alltag gut bewältigt.

Klar willst du das Zimmer – aber genauso wichtig ist, dass es auch wirklich passt. Also braucht so eine Entscheidung besonders viel Sorgfalt und Zeit.

Eine WG-Bewerbung ist gar nicht so anders als ein Date:

- Sei pünktlich und bring alle Unterlagen mit – das zeigt Zuverlässigkeit und ist eigentlich selbstverständlich.
- Mach dir Gedanken darüber, was andere über dich wissen sollten. Wer bist du? Was magst du? Was zeigt, dass du ein guter Mitbewohner sein wirst?

- Sympathie kommt oft durch Gemeinsamkeiten. Checkt, ob ihr ähnliche Interessen oder Werte teilt.
- Stell gute Fragen und hör aufmerksam zu. Mit interessierten Nachfragen zeigst du, dass du auf andere eingehen kannst und ein guter Teamplayer bist.
- Wenn ihr zueinander passt, wird irgendwann Begeisterung oder Vorfreude (Dopamin) entstehen. Lass das gern zu, dann macht das Gespräch mehr Spaß. Behalte aber auch im Hinterkopf: Nicht alles, was auf den ersten Blick super wirkt, passt auch langfristig.

Der MIETVERTRAG

Dir hat die Wohnung oder das Zimmer gefallen? Und du hast die Vermieter davon überzeugt, dass du die oder der Richtige bist? Gratuliere, du bist schon fast am Ziel!

Jetzt bekommst du normalerweise einen Mietvertrag vorgelegt. Und vielleicht ist das – abgesehen vom Handyvertrag – das erste Mal, dass du etwas wirklich rechtlich Verbindliches unterschreibst. Deshalb schauen wir uns das Thema genauer an.

Kleiner Disclaimer: Weder Tobias noch Oskar sind Juristen – also informiere dich im Zweifel lieber noch mal selbst. Wir wollen dir hier nur ein paar Tipps und Anregungen geben.

Folgendes regelt gewöhnlich der Mietvertrag:

- Was gehört zur Wohnung – und was nicht?
- Wie hoch ist die Miete und wann ist sie fällig?
- Gibt es eine automatische Erhöhung (Staffelmiete)?
- Welche Nebenkosten kommen obendrauf?
- Wie hoch ist die Kaution und wo landet das Geld?
- Wann beginnt und wann endet der Vertrag?
- Wie kann und wie muss gekündigt werden?
- Wie soll das Zimmer/die Wohnung hinterlassen werden?
- Welche Pflichten hast du – und welche der Vermieter?

Du musst kein Jurist werden

Zwei Dinge vorweg: Wir sind davon überzeugt, dass man Verträge lesen soll, bevor man sie unterschreibt. Oskar hatte selbst den Fall, in dem ein Untermieter beim Auszug völlig überrascht war, dass er die Regallöcher wieder zumachen musste.

Ein Vertrag heißt nicht, dass man sich gegenseitig nicht vertraut. Nach dem Motto: »*Unter anständigen Menschen braucht man sowas doch nicht.*« Im Gegenteil: Er sorgt dafür, dass beide Seiten wissen, woran sie sind.

Mach dir aber auch nicht zu viele Gedanken: Insgesamt bist du als Mieterin oder Mieter recht gut geschützt. Die meisten Verträge sind inzwischen eher mieterfreundlich. Oder knifflige Details im Kleingedruckten sind längst überholt und gesetzlich gar nicht mehr zulässig.

In der heutigen Zeit kann man den Mietvertrag auch durch eine Künstliche Intelligenz prüfen lassen. Sind rechtswidrige oder nachteilige Inhalte darin versteckt, kommt das wahrscheinlich ans Licht. Es schadet aber auch nicht, selbst einmal durchgelesen zu haben, was man mit den Vermietern vereinbart. Das meiste ist nicht so schwer zu verstehen …

Wir wollen in diesem Ratgeber nur auf ein paar ausgewählte Themen eingehen, die gelegentlich für

Probleme sorgen. Ob du einen befristeten Mietvertrag unterschreibst oder einer Staffelmiete – also einer regelmäßigen jährlichen Mieterhöhung – zustimmst, merkst du vermutlich selbst. Dir muss nur klar sein, dass alles, was im Mietvertrag steht, genau so gemeint ist, und dass mündliche Nebenabreden (»Das regeln wir dann unbürokratisch untereinander«) rechtlich nicht zählen.

Die Kaution

Vielleicht reizt du dein Budget mit der Miete schon voll aus. Und jetzt steht da noch was von »Kaution«. Wofür soll die denn gut sein?

Nun, du gehst ja mit dem Mietvertrag auch Verpflichtungen ein:

- Du musst deine Miete und die Nebenkosten regelmäßig und pünktlich überweisen.
- Beim Auszug musst du alles wieder so hinterlassen, wie du es vorgefunden hast.
- Wenn du bestimmte Einrichtungsgegenstände beschädigst, kommst du für die Reparatur selbst auf.
- Wenn du Schlüssel verlierst, musst du eventuell die gesamte Schließanlage des Hauses ersetzen.

Dafür erhält der Vermieter als Sicherheit die Kaution, die maximal drei Monatsmieten (ohne Nebenkosten) betragen darf. Das Geld bleibt deins, solange du keinen Schaden verursachst. Deshalb muss die Kaution auch getrennt vom Vermögen des Vermieters aufbewahrt werden. Idealerweise legst du das Geld selbst auf einem eigenen Kautionskonto an, das du deinem Vermieter als Sicherheit übergibst.

Wenn dein Mietverhältnis endet, du alle Verpflichtungen erfüllt hast und keine Schäden mehr reparieren musst, bekommst du einen großen Teil der Kaution zurück. Falls das nicht automatisch geschieht, fordere es rechtzeitig ein. Einen Teil der Kaution kann der Vermieter noch bis zur endgültigen Nebenkostenabrechnung zurückbehalten. Es könnte ja noch eine Nachzahlung fällig werden.

Untermieter und Tiere

Hast du vor, deine Wohnung mit jemandem zu teilen? Oder planst du sogar, dort später mit deinem Partner oder deiner Partnerin zusammenzuziehen? Dann kann dich dein Vermieter in der Regel nicht daran hindern. Lebensgefährten dürfen bei dir einziehen, solange die Wohnung dadurch nicht überbelegt wird. Auch wenn du mal länger Gäste hast, die nur ein paar – in der

Regel bis zu sechs – Wochen bleiben, ist das kein Problem.

Wenn aber plötzlich in deiner Ein-Zimmer-Wohnung eine ganze Familie wohnt, dann haben deine Vermieter ein Wort mitzureden. Du kannst sicher verstehen, dass es für die Eigentümer der Wohnung (und auch für die Hausgemeinschaft) einen deutlichen Unterschied bedeutet, wenn plötzlich dreimal so viele Personen duschen, kochen, Fahrräder abstellen, abends spät nach Hause kommen oder Musik hören. Das würdest du selbst vermutlich auch nicht wollen.

Dasselbe gilt für große oder gefährliche Tiere wie Hunde, Katzen oder Reptilien. Auch diesem müssen die Vermieter erst zustimmen – sofern sie das korrekt in den Mietvertrag geschrieben haben. Hamster, Meerschweinchen oder Fische dagegen darfst du immer in deiner Wohnung beherbergen. Allerdings haftest du, wenn das Kaninchen die Kabel durchknabbert oder das Aquarium platzt und eine Überschwemmung verursacht … (siehe Abschnitt »Private Haftpflicht« in Kapitel 3)

Renovieren bei Ein- und Auszug

Wann und ob du in der Wohnung renovieren musst, hängt im Detail vom Mietvertrag ab. Im Großen und Ganzen gilt aber: Wie du einziehst, ziehst du auch wieder aus.

Üblicherweise musst du nur grobe Veränderungen wieder auf einen »Normalzustand« bringen, Schäden reparieren und Schönheitsmaßnahmen durchführen, die angemessen zu deiner Mietdauer sind. Manchmal ist das zum Einzug fällig, manchmal zum Auszug.

Zum »Normalzustand« gehören also weiß gestrichene Wände, die nicht aussehen wie Schweizer Käse mit 40 Bohrlöchern. Und natürlich darfst du dein Zimmer violett anstreichen. Du musst nur damit rechnen, dass die Wände später einige Farbschichten brauchen, bis sie wieder richtig weiß sind.

Hat deine Wohnung Sichtbetonwände, können andere Regeln gelten, da hier Anstriche und Löcher einen besonders schwerwiegenden Eingriff bedeuten.

Am besten fragst du deine Vermieter vor dem Auszug, was sie von dir erwarten. Und unabhängig von dem, was im Mietvertrag steht: Wenn du eine ordentliche Wohnung bezogen hast, dann verlässt du sie auch so. Du weißt ja: »Man sieht sich immer zweimal im Leben.«

Übergabeprotokoll
Wirklich wichtig ist, dass du beim Ein- und Auszug ein Übergabeprotokoll anfertigst, das du und dein Vermieter gemeinsam unterschreibt. Darin werden normalerweise der Zustand der Wohnung, Schäden oder Mängel, die Anzahl der ausgehändigten Schlüssel sowie die Stände der Zähler für Wasser, Strom und Heizung dokumentiert. Mach unbedingt auch Fotos!

Gerade in WGs ist das wichtig – sonst zahlst du später vielleicht für etwas, das du gar nicht verursacht hast.

Wenn du einen Mangel erst nach dem Einzug feststellst, melde das dem Vermieter schriftlich mit der Bitte um Aufnahme ins Protokoll. Die entsprechende Mail bewahrst du zusammen mit deinem Übergabeprotokoll auf.

Oskar stellte zum Beispiel bei einem Einzug fest, dass die Vormieter eine Türzarge einfach durchgesägt hatten, vermutlich um ein zu großes Sofa ins Zimmer zu bekommen. Wäre das nicht im Übergabeprotokoll dokumentiert worden, hätte das richtig teuer werden können.

KOSTEN UND NEBENKOSTEN

Bei deiner Budgetplanung, auf die wir in einem späteren Kapitel ausführlicher eingehen, spielen die Wohnkosten natürlich eine erhebliche Rolle. In Deutschland gehen im Schnitt 25 bis 30 Prozent des Einkommens fürs Wohnen drauf. Bei Studierenden und jungen Erwachsenen liegt der Anteil mit durchschnittlich 54 Prozent deutlich höher. Es lohnt sich also, über alle möglichen Kosten und Nebenkosten Bescheid zu wissen.

Im Mietvertrag werden neben der Miete (oder auch »Mietzins«) auch die »Nebenkosten« aufgeführt, die ebenfalls monatlich zu bezahlen sind. Wichtig ist, dass diese sowohl feste Bestandteile enthalten, die immer gleich bleiben, als auch Bestandteile, die von deinem tatsächlichen Verbrauch abhängen und dann entsprechend abgerechnet werden – meist einmal im Jahr.

Wer sich hier nicht auskennt, erlebt schnell mal eine Überraschung, wenn plötzlich die fette Nachzahlung kommt.

Feste Bestandteile der Nebenkosten sind die Ausgaben des Vermieters, die er an dich weitergeben darf, sofern er das im Mietvertrag festgehalten hat. Also zum Beispiel Grundsteuer, Gebäudereinigung,

Gartenpflege, Müllgebühren, Versicherungen, Schornsteinfeger, Stromkosten für Treppenhaus, Aufzug und Keller (der sogenannte »Allgemeinstrom«) und Hausmeisterkosten.

Diese Kosten betreffen das ganze Haus, und alle Mieter tragen ihren Anteil daran – meistens entsprechend der Wohnungsgröße. Reparatur- und Verwaltungskosten müssen die Vermieter selbst übernehmen.

Verbrauchsabhängige Nebenkosten

Wasser und Abwasser sowie die Heizkosten werden dagegen in der Regel vom Verbrauch abhängig abgerechnet. Die einen baden täglich mehrmals, andere duschen nur alle paar Tage. Die einen laufen im Winter gern nackt durch die Wohnung, andere ziehen einen dicken Pulli an und drehen die Heizung runter. Da ist es gerecht, dass hier die tatsächlichen Kosten abgerechnet werden.

Heißt: Deine monatliche Vorauszahlung ist erst mal nur geschätzt – Nachzahlungen sind (leider) oft vorprogrammiert.

Oskar machte bereits bei mehreren Mietverhältnissen die Erfahrung, dass die monatlichen Vorauszahlungen gerade so für die festen Bestandteile der Nebenkosten ausreichten. Es gab praktisch keinen Puffer für

Heizkosten, was nach dem ersten Ablesen natürlich in einer heftigen Nachzahlung im vierstelligen Euro-Bereich endete.

Je niedriger Vermieter die Pauschale ansetzen, desto günstiger wirkt die Wohnung. Überlege dir also vor Unterzeichnung des Mietvertrags, ob der Nebenkostenabschlag plausibel ist. Bei modernen Häusern mit Aufzug und Verwaltung kannst du als Daumenregel ca. 3 bis 4,50 Euro pro Quadratmeter annehmen. Bei kleineren Häusern mit Kehrwoche und ohne großen Service können es auch nur 2 Euro oder weniger sein. Steht im Mietvertrag ein deutlich niedriger Betrag, solltest du sicherheitshalber Rücklagen für die Nachzahlung einplanen – sonst kann's richtig wehtun.

TIPP: Betriebskostenabrechnungen/Nachzahlungen müssen innerhalb von 12 Monaten nach Ende des Abrechnungszeitraums vom Vermieter gestellt werden – sonst erlöschen die Nachforderungen. Guthaben bekommst du auch noch nach 12 Monaten.

Nebenkostenabrechnung
Um zu wissen, wie viel du tatsächlich verbraucht hast, schickt dein Vermieter mindestens einmal im Jahr jemanden vorbei, um die Zählerstände abzulesen. In der Küche und im Bad gibt es Wasseruhren, die den Wasserverbrauch in Kubikmetern (Litern) erfassen. Für die Heizung gibt es entweder Wärmemengenzähler für die ganze Wohnung – vor allem bei einer Fußbodenheizung – oder entsprechende Messgeräte an jedem einzelnen Heizkörper.

Die Heizkosten werden häufig aufgeteilt in einen Verbrauchsanteil – dafür gibt es die Ablesung – und einen festen Anteil nach Quadratmeterzahl. Auch für die Heizungsanlage gibt

Es gibt bestimmte Grundkosten, die unabhängig vom Energieverbrauch entstehen.

Wenn du beim Ablesen nicht da bist, wird dein Verbrauch geschätzt – und das oft zu deinen Ungunsten. Grundsätzlich solltest du zu viel Bezahltes nach der nächsten Ablesung wieder zurückbekommen. Aber besser ist es, wenn du bei der Terminbenachrichtigung des Ablesers dafür sorgst, dass alles zugänglich ist.

Es kann auch sinnvoll sein, Fotos von allen Heizkostenverteilern zu machen, um den Stand selbst zu dokumentieren. Oskar machte das beispielsweise auch, um zu überprüfen, ob die relativ hohe Heizkostenabrechnung vielleicht an der sommerlichen Überhitzung durch die großen Dachflächenfenster lag.

Stromkosten

Die Stromkosten sind nicht in den Nebenkosten enthalten. Dafür brauchst du einen eigenen Vertrag mit einem Stromanbieter deiner Wahl.

Manche vergessen das und denken: »Praktisch, es kommt ja noch Strom aus der Steckdose – zahlt wohl der Vormieter oder Vermieter.« Denkste! Der Strom wird bei einem Mieterwechsel nicht abgestellt. Du landest automatisch in einem meist teuren Grundversorgertarif.

Um einen günstigen Tarif musst du dich selbst kümmern. Vergleichsportale machen das einfach, zeigen aber nicht immer alle Möglichkeiten – manchmal findest du auf dem freien Markt bessere Angebote.

Grundsätzlich kommen immer die gleichen Elektronen aus der Steckdose, egal welchen Vertrag du wählst. Die Anbieter kaufen nur aus unterschiedlichen Quellen und schlagen verschiedene Margen auf. So entstehen die Preise.

Ökostrom muss nicht teurer sein. Erneuerbare Energien sind günstig in der Erzeugung, nur nicht ständig verfügbar – das auszugleichen kostet. Manche Ökostromanbieter mischen deshalb Strom aus konventionellen Kraftwerken bei oder kaufen Zertifikate. Andere setzen konsequent auf Erneuerbare und investieren selbst in Photovoltaik, Windkraft oder Biomasse. Wenn du also an einer nachhaltigen Energieversorgung Interesse hast, lohnt sich ein genauer Blick.

Bei Vergleichsportalen wird meist dein aktueller Tarif mit anderen verglichen, oft mit Wechselprämien und Boni, die nur ein Jahr lang gelten. Kündigst du nicht rechtzeitig, wird es teurer. Auch die Preisgarantie spielt eine Rolle. Achte also auf solche Fallen und nimm nicht einfach den billigsten Tarif oben auf der Liste.

Dynamische Stromtarife

Vermutlich hast du schon von Tarifen gehört, die sich am Börsenstrompreis orientieren und zu unterschiedlichen Zeiten unterschiedliche Strompreise berechnen. Hintergrund ist, dass beispielsweise im Juli mittags viel Sonnenstrom ins Netz eingespeist wird, der aber gar nicht benötigt wird. Dasselbe gilt für durch Windkraft erzeugten Strom morgens um 4 Uhr. Zu solchen Zeiten ist also der Strom sehr günstig.

Wenn dagegen an einem trüben Novemberabend um 19 Uhr in allen Haushalten Licht brennt, gekocht wird, der Fernseher läuft und es auch noch windstill ist, dann ist der Strompreis hoch.

Ein dynamischer Tarif lohnt sich also nur, wenn du viel Strom verbrauchst, wenn er günstig ist, und keinen, wenn der Strom teuer ist. Ideal ist das für Menschen, die ihre Waschmaschine, ihren Wäschetrockner oder ihre Geschirrspülmaschine flexibel anschalten können, ein Elektroauto nachts laden wollen und Server oder andere Stromfresser flexibel betreiben können. Klingt spannend – aber mal ehrlich: Für die meisten jungen Leute ist das eher nichts.

Balkon-PV

Solltest du jedoch einen Balkon haben, der unverschattet ist und in südlicher Richtung liegt, könnte eine Balkon-Photovoltaikanlage eine echt lohnende Investition sein. Mit ihr erzeugst du auf einfache Weise Strom und kannst bis zu 800 Watt einfach über die Steckdose in deine Wohnung einspeisen.

Auch das lohnt sich am meisten, wenn du regelmäßig Strom verbrauchst und deine Geräte tagsüber nutzt. Die ideale Ergänzung ist Balkon-PV, natürlich als Kombination mit einer Klimaanlage, die deine überhitzte Dachwohnung kühlt. Dann produziert die Sonne genau dann Strom, wenn sie deine Wohnung aufheizt – ziemlich praktisch!

Je nachdem, wie viel Strom du durch die Balkon-PV nicht aus dem Netz kaufen musst, lohnt sich eine günstige Anlage ohne Speicher bereits nach wenigen Jahren. Auch Speicher werden immer günstiger und mit einem kleinen Batteriespeicher kannst du den Eigenverbrauch weiter erhöhen.

Balkon-PV-Anlagen sind inzwischen gesetzlich bevorzugt und können vom Vermieter nur bei besonderen Gründen wie denkmalschutzrechtlichen Vorgaben verboten werden. Du hast damit auch als Mieter eine Möglichkeit, an der Energiewende mitzuwirken, sofern du das möchtest.

Weitere Wohnkosten

Was du noch zu deinen monatlichen Ausgaben fürs Wohnen dazurechnen kannst, sind die Kosten für den Rundfunkbeitrag (früher GEZ) und das Internet.

Auch wenn du kein Radio hörst und niemals öffentlich-rechtliche Fernsehsender schaust, musst du den Rundfunkbeitrag bezahlen, sobald du eine eigene Wohnung hast. Für Zweitwohnungen gibt es eine

Ausnahme und wenn du Sozialleistungen bekommst, kannst du dich befreien lassen.

Auf alle Fälle musst du dich selbsttätig unter rundfunkbeitrag.de anmelden, nach einem Wohnungswechsel ummelden oder eine Befreiung beantragen. Der Beitrag wird früher oder später erhoben, auch rückwirkend, und wenn du ihn nicht bezahlst, kommen Mahngebühren und Zwangsvollstreckung auf dich zu. Klingt übertrieben, ist aber so.

Deinen Internetprovider suchst du dir selbst aus. Wie schnell du surfen kannst, hängt davon ab, ob dein Haus an Glasfaser, Kabel oder DSL hängt. Die Möglichkeiten an deinem Standort und die günstigsten Tarife findest du über Portale wie Verivox oder CHECK24.

Plane das unbedingt vier bis sechs Wochen vor dem Umzug ein – sonst stehst du nach dem Umzug erst mal offline da. Die Bearbeitungszeit ist doch bei vielen Anbietern sehr lang.

Die EINRICHTUNG

Der Umzugstermin steht fest, und in einer leeren Wohnung willst du nicht wohnen. Also: Was brauchst du wirklich – und wie kommst du günstig dran?

Unser Tipp: Beschränke dich zunächst auf die allerwichtigsten Möbelstücke und Einrichtungsgegenstände. Ob du wirklich einen Couchtisch oder eine Kommode brauchst, merkst du mit der Zeit. Alles, was in der Wohnung herumsteht, braucht Aufmerksamkeit, Pflege und kostet Geld.

Was haben Klosterzelle und Gefängniszelle gemeinsam? Richtig, absolute Reduktion aufs Wesentliche. Die Einfachheit vermittelt Kontrolle, gibt Übersicht und ermöglicht, die Aufmerksamkeit auf den Menschen zu lenken, der in ihr wohnt.

Du musst jetzt kein Spartaner werden, aber als erster Anhaltspunkt gilt: Was du auf alle Fälle brauchst, ist eine Schlafgelegenheit, eine Sitzgelegenheit und ein Tisch zum Arbeiten, Essen und Kochen. Außerdem musst du Wäsche, Bücher und Geschirr unterbringen.

Wenn du in ein möbliertes Zimmer ziehst, wird das meiste vorhanden sein. Eine WG hat oft Gemeinschaftseinrichtungen, die du nutzen kannst. Und ein Einbauschrank oder eine Einbauküche sind vielleicht sogar in einer normalen Mietwohnung schon vorhanden. Prima!

Jetzt kommt es noch darauf an, ob du dir im Elternhaus eine »Homebase« erhalten oder Möbel von dort mitnehmen willst. Es soll ja vorkommen, dass sich Eltern schon seit Jahren auf das zusätzliche Arbeits-, Yoga- oder Fitnesszimmer gefreut haben und dir gern mit einem Grinsen beim Ausräumen helfen …

Am Ende macht's natürlich auch Spaß, sich endlich die ersten eigenen Möbelstücke zuzulegen, wenn das Erwachsenenleben beginnt.

Guter Schlaf ist Geld wert

Du hast bestimmt schon mal davon gehört, dass wir ein Drittel unserer Lebenszeit im Bett verbringen. Alles, was wir dort tun – vor allem schlafen –, ist extrem wichtig für unsere Gesundheit, unser Immunsystem und unsere Regeneration. Da ist es doch sehr merkwürdig, dass viele auf einer möglichst billigen Matratze schlafen, um ihr Budget zu schonen. Wenn du durch schlechten Schlaf weniger leistungsfähig bist, rächt sich dein Geiz ziemlich schnell …

Das hier soll keine ausführliche Kaufberatung für Betten werden, dafür gibt es einen Fachhandel. Aber wir haben gute Erfahrungen damit gemacht, ein wenig mehr in die Matratze und den Rost zu investieren.

Ein Bettgestell ist eher Luxus – wichtig sind Matratze und Lattenrost. Tobias hatte die längste Zeit seines Lebens günstige, selbstgebaute Konstruktionen und schraubte teilweise den Lattenrost einfach direkt auf Pfosten. Ja, man kann ihn auch auf Paletten oder Bierkästen legen. Dann sollte man nur kein ausgesprochener »Bettenwälzer« sein oder andere Dinge im Bett vorhaben, die die Konstruktion gefährden könnten …

Beim Bettgestell geht es neben der Optik vor allem darum, dass der Bereich unter der Matratze belüftet werden kann. Denn beim Schlafen erwärmst du die Matratze. Und wenn sie einfach auf dem kalten Boden liegt, ist das nicht nur unbequem, sondern es bildet sich auch schnell Schimmel. Wir sprechen aus Erfahrung.

Matratze und Lattenrost bilden eine Einheit, da sie gemeinsam dafür sorgen, dass dein Gewicht beim Schlafen gut verteilt wird und du während der Nacht in verschiedenen Schlafpositionen unterstützt wirst. Die Matratze hat daran einen Anteil von 70 Prozent und gewöhnlich eine Lebensdauer von acht bis zehn Jahren – oder 3.650 Nächten. Solltest du also ein eingeschränktes Budget haben, spare lieber erst mal beim Lattenrost und vor allem dem Gestell.

Im Sitzen oder Stehen?

Noch mehr Zeit als im Bett verbringen die Menschen heute im Sitzen. Keine gesunde Angewohnheit! Wenn du also viel lernen oder lesen musst, brauchst du auch (wenigstens) einen guten Stuhl. Oder du leistest dir einen Tisch, der höhenverstellbar ist. Oder du hast verschiedene Sitzmöglichkeiten oder sogar mal einen Gymnastikball. Hauptsache, du kannst deine Position beim Arbeiten immer wieder wechseln.

Bei Oskar und Tobias standen früher um den Esstisch lauter unterschiedliche Stühle, die auch ab und zu ausgewechselt wurden. Darunter waren ergonomische, edle, günstige aus dem großen schwedischen Möbelhaus, aber auch zwei antike, die für 20 Euro von einem Flohmarkt in den Niederlanden mitgenommen wurden. Menschen sind unterschiedlich, warum also nicht auch die Stühle …

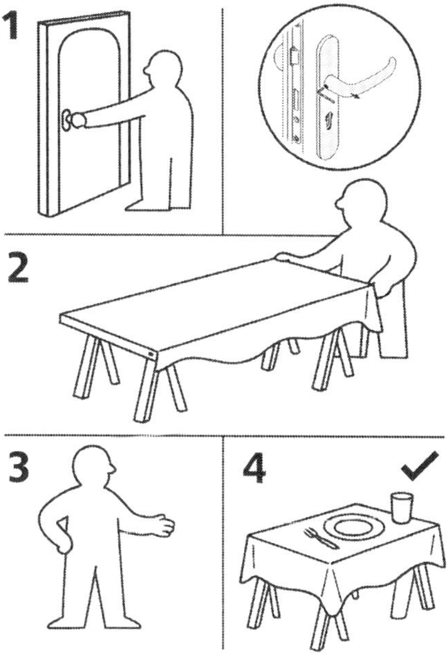

Wenn du wenig Platz hast, verraten wir noch einen Klassiker aus der Trickkiste des Wohnanfängers: Kommen bei dir nur sehr gelegentlich Gäste zum Essen und du hast keinen großen Esstisch, dann häng einfach eine Türe aus und entferne die Klinke. Wenn du noch im Baumarkt zwei günstige Klappböcke besorgst und die Türe darüberlegst, hast du mit einer einfachen Tischdecke versehen eine wunderbare Essgelegenheit – und den Rest vom Jahr steht kein riesiger Tisch im Weg.

Stauraum und Schränke

Ein paar Wochen »aus dem Koffer« oder aus dem Umzugskarton zu leben, ist kein Problem – du merkst dann schnell, was du wirklich brauchst. Irgendwann willst du aber Kleider, Bettwäsche, Handtücher, Bücher und Unterlagen lieber in einem Schrank oder Regal unterbringen.

Bei größeren Möbeln solltest du bedenken, dass du vermutlich noch öfter umziehst. Also wähle Stücke, die auch in andere Wohnungen passen, sich gut verkaufen lassen und transportabel sind. Das gilt auch fürs Bett.

Kleider kannst du über Bügel an einen stabilen rollbaren Ständer hängen oder über eine Stange zwischen zwei Wänden. Unterwäsche und T-Shirts passen in Kartons darunter – am besten nebeneinander, damit du alles auf einen Blick hast. Um das Ganze vor Staub zu schützen und optisch zu beruhigen, hängst du einen zimmerhohen Vorhang davor, natürlich in mehreren Bahnen, damit du dazwischen an die Kleider kommst.

Für Bücher und Handtücher eignen sich stapelbare Kisten oder Kartons, die du ab einer gewissen Höhe an der Wand fixieren solltest. Befüllt werden sie dann von vorn – schwere Sachen gehören nach unten, leichte nach oben.

Ideal für Bettwäsche und Dinge, die du nicht täglich brauchst, ist Stauraum unter dem Bett – entweder durch ein hochklappbares Bettgestell wie bei Oskars Polsterbett oder durch ausziehbare Bettkästen und günstige Kisten vom schwedischen Möbelhaus.

Und was ist mit der Gemütlichkeit?

Wie gesagt, am besten beginnst du spartanisch und merkst nach und nach, was dir wirklich fehlt. In deinem Leben ändert sich so viel: neue Freunde, neue Tätigkeiten, neuer Lebensrhythmus. Wer weiß, wie viel Zeit du wirklich auf einem neuen, teuren Sofa mit Couchtisch und Breitbild-TV verbringen wirst? Da draußen wartet das echte Leben auf dich!

Natürlich sollst du dich zu Hause wohlfühlen. Ein paar Pflanzen können das Raumklima verbessern und die Konzentration fördern. Ein Teppich verbessert die Raumakustik und sorgt für warme Füße. Und wenn du Bilder oder Bücher mit einem Bezug zu deiner Geschichte, deinen Werten oder deinen Plänen in Sichtweite hast, erinnern sie dich daran, dass du ein einzigartiger Mensch bist und sein darfst.

Bei allen Anschaffungen gilt: Es geht nicht darum, ob's teuer oder billig ist – sondern ob's zu dir passt und dir langfristig einen Dienst erweist. Mit

Kleinanzeigenportalen, Do-it-yourself-Videos, Upcycling-Anleitungen, Secondhandläden,

Mit Trödelläden, Flohmärkten und Antiquariaten gibt es jede Menge Möglichkeiten, das Passende auch günstig anzuschaffen. Oder du schaust einfach mal bei Eltern und Bekannten auf den Speicher oder in den Keller …

Du hast die Wohnung, die Basics stehen – jetzt kann's losgehen!

Willkommen im echten Erwachsenenleben.

Deine Take-aways aus Kapitel 1

- Die Wohnungssuche klappt besser, wenn du wie ein Vermieter denkst: Gesucht sind zuverlässige, zahlungsfähige und rücksichtsvolle Mieter, die lange bleiben.
- Je mehr Wege du bei der Wohnungssuche nutzt, desto mehr Chancen hast du.
- Vorbereitung ist alles: Wenn du alle Unterlagen digital parat hast, kannst du auf Angebote schnell reagieren und nach einer Besichtigung freundlich nachhaken.
- Nutze die Besichtigung, sie ist deine Chance: Sei präsent, interessiert, stell Fragen und zeig deinem Vermieter, wenn dich die Wohnung begeistert.
- Bleib in Erinnerung: Sei persönlich, authentisch und hinterlasse nicht nur einen guten Eindruck, sondern irgendetwas als »Anker«.
- Lies den Mietvertrag einmal genau durch und prüfe, ob die Nebenkostenvorauszahlungen plausibel sind.
- Einrichtung: Erst mal brauchst du nur die Basics, dann stellst du nach und nach fest, was nötig ist und wirklich zu dir und deinem Stil passt.

02.

ERWACHSENSEIN – VOM WAHNSINN DER NORMALITÄT

Wusstest du, dass Kinder ab 14 Jahren laut Gesetz eigentlich bis zu acht Stunden wöchentlich im Haushalt der Eltern mithelfen sollten? Vermutlich nicht. Und, mal Hand aufs Herz: Wie viel war es wirklich? Bei Oskar und Tobias jedenfalls gab es eher acht Stunden Diskussion pro Woche, ob die Spülmaschine ausgeräumt wird oder nicht …

Es könnte also gut sein, dass du jetzt überrascht davon bist, wie viel Zeit für Haushalt und Selbstorganisation im echten Leben wirklich so draufgeht. Bisher haben dir häufig andere gesagt, wann was zu tun ist. Jetzt bist du selbst dafür verantwortlich.

Im folgenden Kapitel versuchen wir, ein bisschen Licht ins Dunkel zu bringen: Was hilft bei der Organisation des Alltags? Wie ernährst du dich günstig und einfach? Und wie bleibst du gesund – oder wirst es wieder, wenn dich doch mal ein Schnupfen erwischt?

Viel Spaß beim Entdecken deiner neuen Superkraft: Alltagsorganisation.

ORDNUNG ist das halbe Leben

Hausarbeit

Ein Single-Haushalt ist im Durchschnitt zehn Stunden pro Woche mit Hausarbeit beschäftigt. Das sind fast eineinhalb Stunden am Tag. Ganz schön viel, oder? Klar, du kochst regelmäßig, deckst den Tisch, räumst ab, spülst das Geschirr und machst die Küche einigermaßen sauber. Jeden Tag. Vorher musst du dir überlegen, was es zu essen geben soll, und einkaufen. Und die Einkäufe wegräumen. Ab und zu Waschbecken und Klo putzen, staubsaugen und aufräumen. Da kommt ganz schön was zusammen.

Du kannst es natürlich auch einfach sein lassen. Tobias hatte mal einen WG-Bewohner, der Pizzakartons in seinem Zimmer stapelte und seine Pizzareste zum Trocknen an die Wand nagelte. Kann man machen …

Nein, im Ernst: Unsere Leistungsfähigkeit, Konzentration und unsere Stimmung hängen ganz erheblich von unserer Wohnumgebung ab. Natürlich gibt's da unterschiedliche Typen. Während Oskar gern an einem aufgeräumten Schreibtisch sitzt, um klar denken zu können, stapeln sich bei Tobias dort eher die Projekte. Er kann sich trotzdem auf seine Arbeit konzentrieren.

Aber irgendwann wird es halt zu viel, wenn die Wohnung langsam zumüllt. Denn jedes herumliegende Kleidungsstück, jede nicht abgewaschene Pfanne und jedes ungemachte Bett sendet ständig ein stilles Signal: »Räum mich auf!« – und das mehrmals täglich.

Die Zwei-Minuten-Regel

Deshalb ist Oskar ein Fan der »Zwei-Minuten-Regel« geworden: *Alles, was du in zwei Minuten erledigen kannst – mach's gleich!* Es ist einfacher, regelmäßig ein bisschen was im Haushalt zu tun, als zu warten, bis sich der sprichwörtliche Berg angehäuft hat.

Die Regel ist nicht nur praktisch, sondern hat auch einen psychologischen Effekt, den William H. McRaven in seinem Bestseller *»Mach dein Bett!«* beschrieben hat: Indem du Kleinigkeiten erledigst, sammelst du kleine Erfolgserlebnisse. An scheinbar unbedeutenden Leistungen merkst du immer wieder, dass du wirksam bist. Selbst wenn du abends nach Hause kommst und dir am Tag nichts weiter gelungen sein sollte: Aber hey, du hast dein Bett gemacht und dein Frühstück weggeräumt. Und das ist gut für dein Selbstvertrauen.

Du wirst staunen, was man in zwei Minuten (und weniger) alles erledigen kann:

- Frühstücksgeschirr direkt wegräumen
- Nach dem Zähneputzen kurz mit einem Mikrofasertuch über die Armaturen und das Waschbecken wischen – und über den Spiegel gleich mit.
- Klopapierrolle auswechseln und die leere Rolle gleich ins Altpapier werfen.
- Bett machen – nicht direkt nach dem Aufstehen, sondern erst nach kurzem Auslüften.
- Auf dem Weg zur Uni oder Arbeit den Müll mit zur Tonne nehmen.
- Während das Curry kocht, schon mal Schneidebrett und Messer versorgen.
- Jacken, Mäntel und Schuhe gleich an die Garderobe, nicht im Zimmer herumliegen lassen.

Wenn du auf diese Weise regelmäßig dranbleibst, kannst du den Termin für den wöchentlichen Großputz erheblich hinauszögern. Aber irgendwann muss dann halt doch mal das Bad gründlich gereinigt, die Böden gesaugt oder gewischt und die überquellende Altglaskiste am nächsten Container entsorgt werden.

Wie ordentlich du deine Wohnung halten willst, ist natürlich deine Sache. Ein paar Anregungen für »regelmäßige Wartungsarbeiten« in deinem Haushalt möchten wir dir dennoch geben.

Betten beziehen (alle ein bis zwei Wochen)

Der Klassiker. Wer macht das schon gern? Aber alle ein bis zwei Wochen ist das sinnvoll – auch wenn du kein Allergiker bist.

Einen halben bis anderthalb Liter Schweiß verlierst du pro Nacht, der in deiner Bettwäsche landet. Und außerdem Hautschuppen, Bakterien, Haarfett und Kosmetikreste. Hmm, lecker – denken sich auch Milben, Ameisen oder andere Mitbewohner, die du hundertprozentig nicht im Bett haben willst. Also mach dein Bett! Und beziehe es ab und zu frisch …

Zahnbürste wechseln (alle drei Monate)

Egal, ob du mit Hand, Oszillation oder Ultraschall putzt: Auch deine Bürstenköpfe sind ständig an Stellen, die man nicht genauer anschauen möchte. Zum einen: Trockne deine Zahnbürste nach dem Putzen ab – Feuchtigkeit lieben Keime und Bakterien aller Art. Zum anderen nutzen die Borsten mit der Zeit ab und beherbergen unerwünschte Gäste.

Deshalb ersetze deine Zahnbürste oder den Bürstenkopf spätestens alle drei Monate durch eine frische. Wenn du eine Erkältung, Entzündungen oder Aphten im Mund hast, lohnt sich der Austausch auch schon früher.

Abflusssiebe reinigen (alle zwei bis drei Wochen)

Ein Problem, das Tobias nicht mehr hat, sind Haare, die den Abfluss im Waschbecken, der Dusche oder der Badewanne verstopfen. Alle, die lange Haare oder jemanden mit langen Haaren als Mitbewohner haben, wissen, wovon wir sprechen.

Idealerweise liegt natürlich ein kleines Sieb in jedem Abfluss, so dass die Haare gar nicht weiterkommen. Falls nicht, nimm regelmäßig den Stopfen raus und reinige mit einer Bürste oder einer Abflussspirale das Rohr – aber bitte, ohne den Schmutz noch tiefer reinzupressen.

Wenn schon kein Wasser mehr abläuft, kannst du versuchen, den Dreck mit einer Saugglocke (»Pümpel«) durchs Rohr zu pressen. Als Nächstes kommen dann Natron, Essig und heißes Wasser zum Einsatz, die organische Rückstände aufweichen und auflösen. Hilft auch das nichts mehr, gibt es noch chemische Rohrreiniger. Oder du musst vielleicht den Siphon unterm Waschbecken aufschrauben und schauen, ob sich dort etwas Größeres angesammelt hat.

Waschmaschine und Trockner (etwa alle zwei Monate)

Kleidung wird in der Waschmaschine nicht nur sauber und im Trockner nicht nur trocken. Sie hinterlässt auch kleine Stoffpartikel (»Flusen«), die diesen beiden Geräten ganz schön zusetzen können.

Deshalb gibt es Flusensiebe – damit deine Maschine nicht verdreckt oder kaputtgeht. Du findest das Sieb in der Waschmaschine hinter einer Klappe ganz unten. Da hier Wasser mit rauskommt, brauchst du eine flache Schüssel und einen Lappen. Lass nach jeder Wäsche das Waschmittelfach ausgezogen, damit es trocknen kann.

Beim Trockner musst du nach jedem Trocknen den Wasserbehälter ausleeren. Außerdem ist hinter der Hauptklappe unten ein Flusensieb, das du einfach rausziehen und mit dem du die Flusen entfernen kannst. Weniger bekannt ist vielen, dass auch der Wärmetauscher mit der Zeit verdreckt und dadurch der Trockner irgendwann kaputtgehen kann. Dieser ist häufig an der Unterseite links hinter einer Klappe. Du ziehst ihn heraus und spülst ihn unter fließendem Wasser ab. Fertig.

Küchengeräte entkalken (bei hartem Wasser jeden Monat)

Wenn in deinem Trinkwasser viel Kalk ist, können Kaffeemaschine und Wasserkocher, aber auch die Spül- und Waschmaschine darunter leiden. Wie es um die sogenannte »Härte« an deinem Wohnort bestellt ist, erfährst du auf Seiten wie wasserhaerte.net, bwt.com oder natürlich bei deinem Wasserversorger.

Bei Tobias in Konstanz hat das Wasser 8,8 °dH, was tatsächlich die Abkürzung für »Grad deutscher Härte« ist. Das Wasser ist also mittel bis weich. Bei Oskar in Köln sind es 18,6 °dH. Das ist hart – auch für seine Geräte.

Auf alle Fälle muss er seine Küchengeräte regelmäßig mit Essig oder Entkalkern von Kalk befreien. Oder eine Wasserfilterkanne verwenden oder einen fest verbauten Entkalker, der unter der Spüle am Wasseranschluss befestigt wird.

Auch Waschmaschinen und Spülmaschinen sollten regelmäßig entkalkt oder mit einem Wasserenthärter benutzt werden.

Härtegrade von Wasser

- Weich: 0 bis 7 °dH*
- Mittel: 7 bis 14 °dH
- Hart: 14 bis 21 °dH
- Sehr hart: über 21 °dH

*Grad deutscher Härte

Spülmaschine pflegen

Wenn die Spülmaschine das Geschirr nicht mehr richtig sauber macht oder stinkt, braucht auch sie Pflege.

Am besten nimmst du die Körbe und Gitter komplett aus der Maschine, damit du an die Siebe und Filter im Boden kommst. Diese kannst du einfach abheben oder rausdrehen und dann unter fließendem Wasser abspülen. Körbe und Gitter wischst du mit einem Lappen ab.

Auf Social Media gibt es einen beliebten Lifehack: Entferne Filter und Siebe, löse groben Schmutz und stelle sie in die Spülmaschine. Jetzt gibst du Natron auf den Boden und eine kleine Schüssel mit Essigessenz ins obere Fach. Lass nun das Clean-Programm oder ein anderes Programm mit hoher Temperatur laufen, dann reinigt sich die Spülmaschine selbst.

Aber Achtung: Wenn die Maschine ohne Sieb spült, können Schmutzpartikel ins Innere kommen und Schaden anrichten. Es ist also wichtig, dass keine größeren Schmutzpartikel mehr in der Maschine sind.

Geteilte Ordnung ist halbe Ordnung

An Hausarbeiten zerbrechen auch Ehen. Die berühmte herumliegende Unterhose oder allgemein unterschiedliche Vorstellungen von Sauberkeit sind immer dann ein Thema, wenn mehrere Menschen gemeinsam für den Haushalt verantwortlich sind. Der wichtigste Tipp für die Organisation eines WG-Haushalts: Trennt Freundschaft und Geschäft!

Die Einstellung: »Das wird schon klappen, wir mögen uns ja. Muss halt jeder ein bisschen tolerant sein« klingt edel, kann aber nach hinten losgehen. Hier sprechen Oskar und Tobias aus vielfältiger Erfahrung in WGs und Familien. Hausarbeit, die auf Goodwill-Basis organisiert ist, ist nicht organisiert.

Sinnvoll sind vielmehr klare Zuständigkeiten und Checklisten mit Namen und Terminangaben. Dabei sollte die »Zwei-Minuten-Regel« weiterhin für alle gelten, denn Kleinigkeiten kann man nach dem Verursacherprinzip auch schnell selbst erledigen.

Wenn sich jemand nicht an die Regeln hält, ist die Person kein schlechter Mensch. Sie kann auch ein Freund bleiben. Aber sie hält sich nicht an Vereinbarungen und das darf auch klar angesprochen werden. Mehr dazu gibt es im Kapitel 5 im Abschnitt »Konflikte und Kommunikation«.

Als Anregung für einen WG-Plan haben wir hier die wichtigsten Haushaltstätigkeiten aufgelistet.

Liste von Hausarbeiten für WGs

Täglich / mehrmals in der Woche

- Küche aufräumen, Spüle, Herd, Oberflächen putzen
- Spülmaschine ausräumen/einräumen
- Esstisch abwischen/absaugen
- Zimmerpflanzen pflegen

Wöchentlich bis 14-tägig

- Toilette(n) putzen und Rollen nachlegen
- Waschbecken, Dusche, Badewanne putzen
- Haare aus Abflusssieb entfernen / ggf. Siphon reinigen
- Spiegel und Glasoberflächen abwischen
- Wohnzimmer aufräumen
- Alle Böden fegen, saugen, wischen
- Mülleimer entleeren, Leerungen beachten
- Altglas/Flaschenpfand sortieren und wegbringen
- Treppenhaus reinigen (je nach Hausordnung)
- Trockner und Waschmaschine: Flusensiebe reinigen

Regelmäßig / alle 6 bis 10 Wochen

- Badmatten und Badevorhang waschen
- Backofen reinigen
- Spülmaschine pflegen
- Küchengeräte entkalken
- Kühlschrank ausmisten (MHD), auswischen, einräumen
- Wärmetauscher Trockner reinigen

Saisonal (1 bis 2 Mal im Jahr)

- Fenster/Fensterbänke/Fensterrahmen putzen
- Heizkörper/Heizstangen abstauben und putzen
- Küchenschränke von außen, von innen und oben putzen
- Eisfach abtauen

Reinigen lassen

Natürlich kann man auch eine Reinigungskraft engagieren, zum Beispiel, um in einer WG die Konflikte zu entschärfen. Klingt vielleicht erst mal luxuriös. Auf der anderen Seite gehen junge Leute auch immer häufiger essen, lassen also andere für sich kochen und das Essgeschirr sauber machen. Insofern kann auch eine Reinigungskraft eine gute Investition sein und dir mehr frei verfügbare Lebenszeit verschaffen.

Wenn sich alle ansonsten an die »Zwei-Minuten-Regel« halten, kann eine Reinigungskraft die regelmäßigen wöchentlichen oder 14-tägigen Aufgaben übernehmen und je nach Größe der Wohnung in ein bis drei Stunden erledigen.

Eine offizielle Reinigungskraft – und zu nichts anderem raten wir dir hier natürlich – kostet in Deutschland aktuell um die 25 Euro je Stunde, so dass eine wöchentliche Reinigung je nach Größe der Wohnung auf 35 bis 75 Euro kommt.

Hausarbeit als Achtsamkeitsübung

In Tobias' Haushalt war vor vielen Jahren eine Reinigungskraft angestellt, die diese Tätigkeit ausübte, um ihre Achtsamkeit zu schulen. Auch das ist eine Betrachtungsweise: Ordnung halten und den Dingen Aufmerksamkeit und Zeit geben kann dir auch helfen, dich weiterzuentwickeln. Du nimmst dir bewusst dafür Zeit, machst deine Lieblingsmusik an und freust dich nach ein paar Stunden über deine Wirksamkeit – und eine saubere Wohnung.

Und bei dieser Gelegenheit stellst du gleich noch fest, dass alles, was du besitzt, auch Pflege und Mühe nach sich zieht. Je weniger du hast, desto weniger musst du aufräumen. Vor allem kosten Dinge deine Energie, die nur herumstehen und weder eine wichtige Erinnerung noch einen regelmäßigen Nutzen für dich bedeuten. Bei der Hausarbeit kannst du wunderbar darüber nachdenken, ob sie vielleicht jemand anderem besser nutzen könnten oder ob sie ihren Zweck erfüllt haben und »gehen dürfen«.

Weniger pathetisch: Miste regelmäßig aus – und hol dir nicht zu viel Kram ins Haus.

HANDWERKSZEUG

Werkzeug

»Die Axt im Haus erspart den Zimmermann« lautet ein altes Sprichwort. So weit wollen wir natürlich nicht gehen, aber ein paar Reparaturen und Anschlussarbeiten sollte doch jeder selbst ausführen können, ohne gleich einen teuren Handwerker beauftragen zu müssen.

Für die allerwichtigsten Werkzeuge gibt es Startersets zu kaufen. Qualität und Langlebigkeit zahlen sich eigentlich immer aus, aber natürlich kannst du auch eine günstige Variante wählen, wenn du's eh nur alle paar Monate brauchst.

Von Billig-Bohrmaschinen, billigen Akkuschraubern oder wackeligen Stichsägen würden wir dir eher abraten. Sie leisten oft schlechte Dienste, und viele dieser Geräte landen nach kurzer Zeit auf dem Müll. Dann lieber ein hochwertiges Werkzeug ausleihen oder gemeinsam anschaffen.

Folgende Tools braucht man normalerweise im Haushalt:

- mittelgroßer Hammer
- verstellbare Rohrzange
- Flachzange

- Ratsche
- Bithalter
- verschiedene Bit-Einsätze für Schrauben und Muttern
- Meterstab / Zollstock
- Wasserwaage
- (zweipoliger) Spannungsprüfer
- Cuttermesser

Strom verstehen

Mit Strom hantieren ist lebensgefährlich. Ein paar Grundlagen zu kennen, ist aber definitiv keine schlechte Idee. Wir übernehmen jedoch keine Haftung für das, was du tust. Sei vorsichtig und frage im Zweifelsfall lieber jemanden, der sich auskennt.

Das Wichtigste: In deiner Wohnung befindet sich irgendwo (oft im Flur oder beim Eingang) ein Sicherungskasten, in dem alle Stromkreise der Wohnung ein- und ausgeschaltet werden können. Die Sicherungen verhindern eine Überspannung (LS-Schalter) oder erkennen Fehlerströme, wenn zum Beispiel Strom durch deinen Körper fließt (FI-Schalter). Es gibt normalerweise eigene Sicherungen für verschiedene Räume, Steckdosen, Licht, den Herd oder andere

Geräte. Die unterschiedlichen Sicherungen sollten korrekt beschriftet sein.

Das Grundprinzip vom Strom kennst du vermutlich. Spannung liegt auf einer Seite des Stromkreises an. Erst wenn der Stromkreis geschlossen wird, fließt Strom und das Gerät oder die Leuchte funktioniert. Oder du bekommst einen Stromschlag, wenn du selbst durch Berühren des stromführenden Kontakts den Stromkreis mit deinem Körper schließt – das willst du definitiv vermeiden.

Sofern alles korrekt angeschlossen wurde – was in Altbauten nicht immer garantiert ist –, führt der linke Kontakt einer Steckdose von vorn betrachtet Strom. Das ist die »Phase«. Bei Kabeln ist auf dem braunen Leiter die Phase und der blaue Leiter führt den Strom zurück in den Stromkreis. Das gelb-grüne Kabel ist für die Erdung zuständig und gibt zusätzliche Sicherheit.

Gerade in einem Altbau kann aber ein Kabel oder eine Steckdose auch mal falschherum angeschlossen sein. Deshalb solltest du, bevor du etwas an den Strom anschließt, am besten mehrfach prüfen, ob die Leitungen stromfrei sind. Sei vorsichtig!

Lampe anschließen
Nach einer Renovierung oder einem Umzug hängen an den Deckenanschlüssen meist nur sogenannte »Baufassungen«. Das sind simple, nackte Lampenfassungen – nicht hübsch, aber funktional, die mit einer Lüsterklemme am Kabel befestigt werden und herunterhängen.

Oft bleiben diese Baufassungen jahrelang so hängen. Bis man endlich eine Lampe findet, die man wirklich gut findet – und sich leisten kann. Oder mehrere Hängelampen oder eine Strahlerleiste.

Wenn du eine Lampe anschließen willst, schaltest du zunächst im Sicherungskasten den entsprechenden Stromkreis ab und schaust, ob der Strom wirklich aus ist. Wichtig: Auch wenn die Schreibtischleuchte ausgeht, kann am Deckenanschluss immer noch Strom fließen.

Mit einem Spannungsprüfer prüfst du zusätzlich, dass wirklich kein Strom mehr auf der Leitung ist. Einpolige Spannungsprüfer sehen aus wie Schraubendreher, haben einen durchsichtigen Schaft und eine Metallplatte am Ende. Wenn die Spitze in Kontakt mit Strom kommt und du dabei mit dem Daumen auf die Metallplatte fasst, leuchtet der Schaft auf.

Dieser einpolige Spannungsprüfer wird von Elektrikern auch gern als »Lügenstift« bezeichnet. Zum einen ist das Leuchten bei Tageslicht oft nicht zu sehen, zum anderen gehen sie schnell kaputt oder leuchten aus anderen Gründen nicht – trotz Strom. Gefährlich!

Also verlasse dich nur darauf, wenn du durch mehrfaches Testen ein eindeutiges Ergebnis hast. Besser sind zweipolige Spannungsprüfer mit zwei Stiften, bei denen du, ohne Daumen, klar erkennst, ob Strom fließt – per Anzeige oder Signal.

Sobald der Strom zuverlässig abgeschaltet ist, kannst du deine neue Deckenlampe anbringen. Dabei verbindest du erst die beiden blauen Kabelenden mit einer Lüsterklemme: Schraube öffnen, Kabel hineinschieben und wieder zudrehen. Dasselbe machst du jetzt mit dem braunen Kabel und dem gelb-grünen. Manche Leuchten haben keine Erdung. Dann versorgst du das gelb-grüne Kabel in einer eigenen Lüsterklemme, damit es gesichert ist.

Löcher bohren

Um ein schwereres Bild oder ein Regal an der Wand zu befestigen, musst du vielleicht ein paar Löcher in die Wände bohren. »Mach ich mal schnell«, denkst du? Tobias rechnet für solche Arbeiten immer mindestens eine Stunde ein. Murphys Gesetz lässt grüßen: Der Bohrer steckt fest, der Dübel ist zu groß oder du bohrst beim letzten Loch direkt ins Heizungsrohr.

Bevor du anfängst, solltest du dich also vergewissern, dass hinter keinem geplanten Bohrloch eine Leitung liegt. Am sichersten geht das natürlich mit einem Leitungssuchgerät. Aber wer hat das schon zu Hause herumliegen? Der Baumarkt hat's und vielleicht ein Nachbar …

Fürs Erste kannst du dir mit dem Wissen behelfen, dass Stromleitungen normalerweise horizontal oder vertikal verlegt werden, also nicht diagonal über die Wand. Wenn an einer Stelle eine Steckdose oder ein Lichtschalter sitzt, kannst du davon ausgehen, dass von dort aus eine Leitung nach oben und/oder unten abführt.

Senkrechte Leitungen verlaufen meist im Abstand von 15 Zentimetern zu Ecken, Tür- und Fensterrahmen. Horizontale Leitungen befinden sich meist etwa 30 Zentimeter unter der Decke oder 15 bis 30 Zentimeter über dem Boden. Diese Bereiche solltest du meiden, wenn du kein Risiko eingehen willst. Orientiere dich immer an Steckdosen, Lichtschaltern und Abzweigdosen (hinter den runden Deckeln), um den möglichen Verlauf von Stromkabeln abzuschätzen. Im Zweifelsfall frage lieber einen Experten.

Beim Bohren selbst hilft eine gute Schlagbohrmaschine, die du dir im Baumarkt ausleihen kannst. Informiere dich dort auch, welcher Bohrer für die entsprechende Stelle geeignet ist, denn diese sind für

Holz, Mauerwerk, Beton oder gar Stahl unterschiedlich. Der falsche Bohrer kann abbrechen, überhitzen oder unbrauchbar werden.

Für Betonwände brauchst du einen Bohrhammer, einen hochwertigen Betonbohrer und Geduld, damit der Beton nicht durch zu viel Druck am Anfang abplatzt. Und bei Sichtbeton brauchst du möglicherweise auch eine Genehmigung deines Vermieters, denn du musst alle Bohrlöcher beim Auszug wieder fachgerecht verschließen. Und bei Beton, der nicht überstrichen wird, geht das nicht so einfach mit einer Spachtelmasse aus der Tube …

Die Bohrergröße entspricht der des Dübels, den du verwendest, und dieser muss wiederum zur Schraube passen. Mit Universaldübel in den Größen 6, 8 und 10 kannst du im Haushalt das meiste abdecken. Die Schraube sollte etwas dünner als der Dübel sein und so lang, dass sie ihn vollständig durchdringt. Wenn du unsicher bist, steht auf den Dübelverpackungen oft, welche Bohrergröße und Schraubenlänge passen.

Damit deine Wohnung beim Bohren nicht einstaubt, ist es am besten, den Bohrstaub direkt am Bohrloch aufzufangen. Entweder jemand hilft dir mit einem starken Staubsauger oder du klebst eine kleine Tüte mit Kreppband unter das Bohrloch. Bei kleinen

Löchern können auch einige umgeknickte Klebezettel unter dem Bohrloch ausreichen, um das Bohrmaterial aufzufangen.

In acht Schritten zum sauberen Loch

1. Leitungssuche: möglichst mit Leitungssucher, sonst Zonen um Schalter/Steckdosen meiden
2. Bohrer wählen: Material & Durchmesser zum Dübel passend
3. Maschine checken: Schlagbohrer für Mauerwerk, Bohrhammer für Beton
4. Markierung mit Wasserwaage setzen
5. Bohrer senkrecht und mit gleichmäßigem Druck führen
6. Bohrtiefe kontrollieren: Klebeband oder Tiefenanschlag am Bohrer
7. Bohrstaub auffangen: Tüte, Klebezettel oder Staubsauger bereithalten
8. Schraube & Dübel einsetzen – fertig!

ÜBERLEBEN – ohne Mamas Kochkünste

Eine von Oskars ersten Erkenntnissen nach dem Auszug von zu Hause war: »Der Kühlschrank füllt sich gar nicht mehr von alleine!« Wie sehr er sich daran gewöhnt hatte, dort einfach immer was zu essen zu finden, auch wenn er mal nachts hungrig in die Küche schlich, merkte er erst jetzt. Wie also überlebt man ohne Mamas Kochkünste und Kühlschrank-Befüllservice?

Als Tobias im Studium seine erste eigene Wohnung hatte, ging er eine Zeitlang entweder zum Italiener um die Ecke oder er kochte Nudeln mit Sahnesoße aus einer Fertigpackung. Das erste wurde teuer, beides machte dick.

Der Spagat zwischen guter Ernährung und kleinem Geldbeutel ist heute vermutlich noch ähnlich. Was sich wohl geändert hat: Wir wissen noch viel mehr über Ernährung, und viel mehr Faktoren spielen für unsere Überlegungen eine Rolle: Ist das auch gesund? Macht mich das dick? Ist das schlecht fürs Klima? Sollte ich Tiere essen? Taugt mein Essen für Instagram? Wie finden meine Freunde, was ich esse? – Das alles hatte sich Tobias mit 20 noch nicht gefragt.

Heute machen sich junge Menschen zwar viele Gedanken, aber gleichzeitig haben sie fürs Essen auch nicht mehr Zeit und Geld als früher. Laut einer Studie des Lebensmittelkonzerns Nestlé denken 72 Prozent der deutschen Bevölkerung, dass sie sich gesünder ernähren sollten. Aber sie tun es nicht. Und dieses bewusste Handeln gegen besseres Wissen wiederum macht Stress – und der ist nun mal so was von ungesund.

Wie zerschlägst du diesen gordischen Knoten? Das folgende Kapitel ist wieder mal keine Ernährungsberatung. Aber ein paar Lebenserfahrungen möchten wir gern mit dir teilen.

Einkaufs-Philosophien

Tobias ging während des Studiums am liebsten täglich einkaufen. Um die Ecke war ein Bäcker und ein Tante-Emma-Laden, und so kaufte er immer das, worauf er gerade Lust hatte. Das widerspricht den allgemeinen Empfehlungen – aber so geht es auch. Der Spaziergang hatte was für sich und es blieb auch selten was übrig oder wurde schlecht. Und da Tobias den Speiseplan nicht zu früh festlegen wollte, passte das für ihn.

Die allgemeine Empfehlung ist dagegen, einen Einkauf gut zu planen und den Bedarf für eine ganze Woche einzukaufen. Klar, dafür lohnt sich dann auch der Weg zum Discounter oder Supermarkt, der im Schnitt günstiger ist als der kleine Laden um die Ecke. Großpackungen kosten außerdem weniger als viele kleine. Mit einem Wocheneinkauf hältst du das Budget leichter ein, und es kostet weniger Zeit als tägliches Einkaufen. Hilfreich ist für einen geplanten Einkauf eine Liste – egal ob auf Papier oder in einer App.

Ob du nun »Team Tante-Emma« oder »Team Discounter« bist: Am wichtigsten ist, dass du nicht hungrig einkaufen gehst. Studien haben ergeben, dass man mit Hunger kalorienreichere Nahrung in den Einkaufswagen packt als ohne. Hunger beeinträchtigt die Funktion des präfrontalen Cortex im Gehirn, der Impulskontrolle und Entscheidungen steuert. Das merkst du dann spätestens bei den Süßigkeiten an der Kasse.

Wenn dich interessiert, ob deine Nahrungsmittel gut für die Gesundheit und/oder die Umwelt sind, gibt es einige gute Lebensmittel-Tracker fürs Smartphone. Du scannst einfach den Barcode und erhältst eine Gesamteinschätzung, wichtige Informationen über nachteilige Inhaltsstoffe und Empfehlungen für gesündere Alternativprodukte derselben Kategorie. Einfach, schnell und hilfreich!

Bereits ausprobiert und für nützlich befunden haben wir die kostenlosen Apps MyFitnessPal und Yuka. Es gibt natürlich noch viele weitere, auch kostenpflichtige

Varianten. Einige Apps funktionieren auch für Kosmetik, tracken Kalorien und Nährstoffe oder erstellen Speisepläne.

Save the food

Die teuersten Lebensmittel sind die verdorbenen. Insbesondere Obst, Gemüse und Backwaren werden sehr häufig weggeworfen. Auch Milchprodukte, Fleisch oder Fisch sind nicht ewig haltbar, ihr Verzehr ist nach einer Weile ungesund. Mit guter Planung sparst du hier viel Geld.

Natürlich kannst du viele Lebensmittel auch in größeren Mengen einkaufen und dann einfrieren. Ein halbes Brot, Putenschnitzel, aber auch Beeren und Gemüse oder ganze Mahlzeiten – je nachdem, wie groß dein Gefrierfach ist. Wichtig ist, dass alles luftdicht und kältebeständig verpackt ist und langsam in kaltem Wasser oder im Kühlschrank aufgetaut wird.

Ein abgelaufenes Mindesthaltbarkeitsdatum (MHD) bei verpackten Lebensmitteln bedeutet nicht, dass du sie entsorgen musst. Reis, Nudeln und anderes kannst du auch Jahre nach Ablauf des MHD noch bedenkenlos essen, sofern es gut aussieht und riecht. Der Hinweis »zu verbrauchen bis« ist dagegen ernst zu nehmen. Wenn beispielsweise Hackfleisch einen Tag über dieses Datum hinaus noch im Kühlschrank liegt, können sich gesundheitsschädliche Bakterien gebildet haben. Besser nicht mehr essen!

Wenn du ein Lebensmittel bald verbrauchen wirst, kannst du bald ablaufende Ware im Supermarkt häufig günstiger bekommen. Im großen Stil gibt es dafür auch Apps und Initiativen (zum Beispiel »Too Good To Go« oder foodsharing.de). Die sammeln solche Lebensmittel und geben sie günstig an Bedürftige oder Sparsame weiter.

Vorräte anlegen

Viele Lebensmittel verbrauchst du so regelmäßig, dass du davon größere Mengen zu kleineren Preisen einkaufen kannst. Um im klassischen Großhandel einzukaufen, benötigst du aber gewöhnlich einen Gewerbeschein. Dafür gibt es einige Online-Anbieter, bei denen du dich günstig eindecken kannst.

Tobias bezieht beispielsweise Kaffeebohnen, Hafermilchpulver und Nüsse von solchen Anbietern und spart damit oft 30 Prozent und mehr gegenüber den kleineren Packungen im Supermarkt. Große Packungen machen auch weniger Müll. Und außerdem muss sich Tobias nur zweimal im Jahr darum kümmern und hat dabei gleich noch einen gewissen Notvorrat angelegt: Falls die

Geschäfte mal längere Zeit geschlossen sein sollten, kann er mit Hafermilch, Müsli und Nüssen schon ein paar Tage überleben …

Sofern du in deiner Wohnung einen kühlen und dunklen Platz dafür hast, ist ein kleiner Vorrat an haltbaren Lebensmitteln sowieso kein Fehler:

- Nudeln
- Reis, Hirse, Getreideprodukte
- Haferflocken, Müsli, Cornflakes
- Rosinen, Trockenfrüchte
- Nüsse und Samen
- Tomatenprodukte, Saucen oder Pestogläser
- Knäckebrot, Reiswaffeln
- H-Milch, H-Sahne

Günstig satt

Geschmäcker sind verschieden und Gewohnheiten auch. Da reden wir dir nicht rein! Auch die Ernährungspyramide hast du bestimmt schon mehrere Schuljahre lang vorgekaut bekommen. Die ersparen wir dir ebenso, zumal sich Ernährungspyramiden verschiedener Länder unterscheiden können – ein Hinweis darauf, dass man sich durchaus auf unterschiedliche Weise gut ernähren kann.

Einig sind sich aber alle, dass Zucker keine besonders gute Grundlage ist, wenn es darum geht, mit wenig Geld einigermaßen gesund satt zu werden. Der Sättigungseffekt hält bei Süßigkeiten nicht lange an – schneller Energieschub, aber auch schneller Abfall. Wichtiger ist, dass auch industrielle Fertiggerichte oft Zucker enthalten. Dadurch schmecken sie besonders gut, haben aber auch viele Kalorien und vor allem: Sie machen nicht richtig satt!

Wenn du also satt werden willst, ist Zucker keine gute Idee. Nudeln, Brot und Reis sind besser und liefern viel Energie (Kohlenhydrate). Satt machen hier vor allem die Vollkornvarianten. Sie halten den Blutzucker stabiler und damit auch deine Laune. Am besten sättigen proteinreiche Lebensmittel wie Haferflocken, mageres Fleisch, fettarme Milchprodukte, Eier und Hülsenfrüchte (Linsen, Bohnen).

Natürlich brauchst du auch den ganzen Rest, also jede Menge Wasser, viel Gemüse, ein bisschen Obst und gute Fette. Ein guter und günstiger Speiseplan könnte also aus Haferflocken mit Beeren, Obst, Nüssen und Skyr, Kartoffeln mit Magerquark oder mit Käse überbackenem Gemüse bestehen. Und je nach Einstellung natürlich auch ab und an ein Putensteak oder Fisch.

Inspiration für Mahlzeiten

Jedes Jahr kommen über 2000 neue Kochbücher auf den Markt. Es gibt jede Menge kostenlose Apps fürs Smartphone – allein »Chefkoch« beinhaltet über 360.000 Rezepte. Und mit der »Zu gut für die Tonne«-App kannst du dir Rezepte speziell für deine übriggebliebenen Zutaten vorschlagen lassen.

Brauchst du wirklich Inspiration für Rezepte? In einer Zeit, in der du auch ChatGPT fragen kannst oder zahlreiche TikTokerinnen und Instagrammer ihre Mahlzeiten posten? Wohl kaum.

Rezepte, Zutatenlisten und Anleitungen gibt es zuhauf. Sogar Tobias hat 2018 »Oskars Lieblings Pancakes-Rezept« auf YouTube gebracht. Ging mit 4.500 Aufrufen nicht direkt viral, ist aber trotzdem sehr lecker.

Kochboxen

Oskar und Tobias haben beide unabhängig voneinander auch Kochboxen wie »Hello Fresh« oder »Dinnerly« ausprobiert. Dort sucht man sich Gerichte aus und bekommt dann einmal pro Woche ein Paket mit

Rezepten und genau der Menge Zutaten, die man braucht. Je mehr Essen man bestellt, desto niedriger wird der Gesamtpreis.

Kochboxen müssen nicht unbedingt teurer sein als selbst einzukaufen. Dafür muss man bei der Qualität manchmal Abstriche machen. Tobias beispielsweise nerven häufig die kleinen Kartoffeln, die beim Schälen viel Arbeit machen und die er selbst nicht kaufen würde. Außerdem sind Fisch und Fleisch zumeist nur wenige Tage haltbar. Deshalb sollte man die Gerichte in den ersten Tagen nach der Zustellung kochen.

Zehn einfache Gerichte aus unserem Repertoire

Oskar ist Vegetarier, Tobias nicht. Oskar wohnt allein, Tobias nicht. Tobias lernte seine Kochkünste 35 Jahre vor Oskar. Insofern unterscheiden sich ihre Ess- und Kochgewohnheiten sicher erheblich. Umso spannender fanden wir, welche Gerichte sie als erste gelernt haben:

Rezepte Tobias

1. Pellkartoffeln mit Kräuterquark, Butter und Camembert

Ein Klassiker, den Opa Manfred, Tobias' Vater, immer liebte: Kohlenhydrate, Proteine und Fett. Am besten große Kartoffeln nehmen, 20 bis 30 Minuten garen (anstechen) und noch warm pellen. Kräuterquark kann man fertig kaufen und Leinöl wäre eine gesunde Variante zu Butter und Camembert.

2. Gedünsteter Blumenkohl mit Sauce Hollandaise

Den kompletten Blumenkohl in einem geschlossenen Topf mit wenig Salzwasser oder am besten auf einem Dämpfeinsatz 15 bis 20 Minuten garen. In Röschen zerlegt geht's schneller. Sauce Hollandaise aus der Packung drüber, fertig. Geht auch mit Käse überbacken im Ofen.

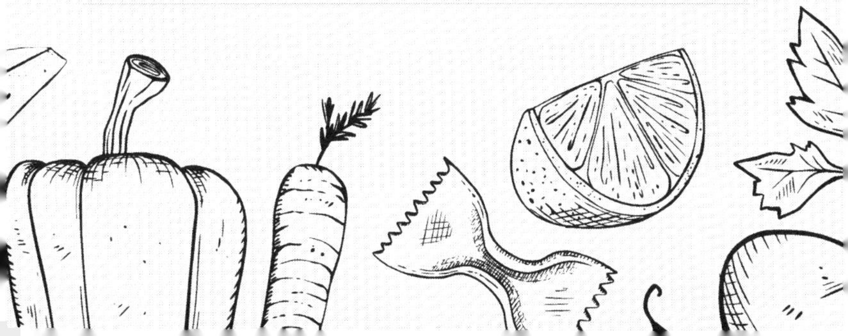

3. Spaghetti mit Pesto (aus dem Glas)

Auch Spaghetti kochen muss man irgendwann lernen.

Je nach Dicke brauchen sie 10 Minuten im kochenden Salzwasser.

Die häufigsten Fehler dabei:

- Zu viele Spaghetti: Pro Portion reichen 100 bis 125 Gramm.
- Zu wenig Wasser: 1 Liter + 1 Teelöffel Salz pro 100 Gramm Nudeln
- Spaghetti nicht brechen, sondern abwarten, bis man sie in den Topf biegen kann
- Vergiss nicht, umzurühren, sonst kleben sie zusammen.
- Nicht zu lange kochen, sonst werden sie matschig.
- Abgegossene Nudeln nicht mit Öl vermengen, dann hält die Sauce nicht mehr.

Gutes Pesto ist mit Olivenöl, Pinienkernen und Parmesankäse gemacht, billiges mit Sonnenblumenöl und günstigen Nüssen.

Wenn man Pesto mit etwas Nudelwasser anrührt, verteilt es sich optimal.

4. Toastbrot mit Spiegelei und Käse

Ja gut ... Manchmal hilft sonst nichts. Hier sind wieder Kohlenhydrate, Proteine und Fett vereint.

Spiegelei mit Butter in der Pfanne braten, je nach Geschmack auch als »Over easy« (beidseitig). Dann Toast in die Pfanne legen, Spiegelei drauf und eine Scheibe Käse drüber. Deckel auf die Pfanne und warten, bis der Käse verlaufen ist. Lecker!

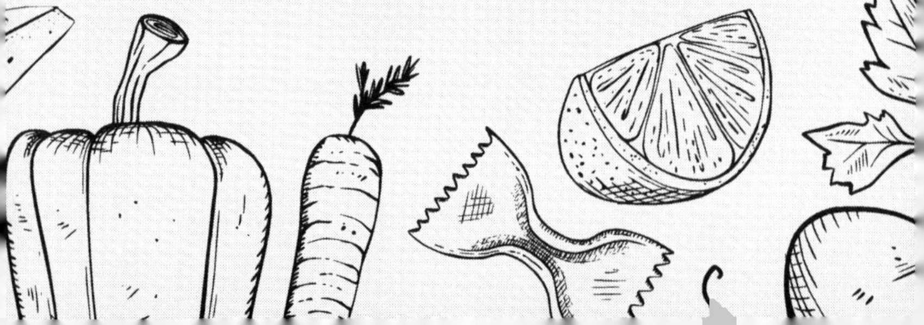

Rezepte Oskar

1. Maultaschen mit Rührei

Davon hat sich Oskar die ersten Monate in Köln quasi ernährt. Die Maultaschen gibt's fertig im Supermarkt – original schwäbisch mit Fleisch, aber auch vegetarisch und vegan. Die Maultaschen in dünne Scheiben schneiden und in etwas Butter oder Pflanzenmargarine knusprig anbraten.

Nach ein paar Minuten eine klein geschnittene Zwiebel dazugeben, das bringt noch mal ordentlich Geschmack. Wenn die Maultaschen knusprig und die Zwiebeln glasig sind, ein paar verquirlte Eier drüberkippen und bei mittlerer Hitze rühren. Nicht zu lange braten, sonst wird das Ei trocken.

2. Kichererbsen-Curry mit Reis

Ein einfaches und schnelles Gericht, das trotzdem nach »gekocht« schmeckt: Abgegossene Kichererbsen aus der Dose zusammen mit einer gewürfelten Zwiebel und einer Knoblauchzehe in etwas Öl anbraten. Dann mit ordentlich Currypulver, Kurkuma und Paprikapulver würzen. Nach kurzem Anbraten mit einer Dose Kokosmilch aufgießen, umrühren und alles ein paar Minuten köcheln lassen.

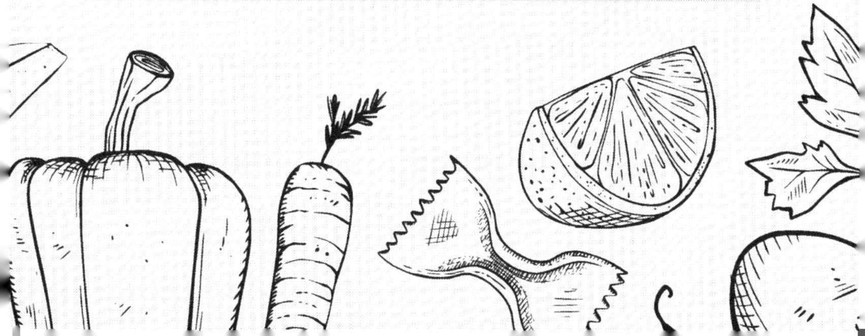

Wer mag, kann noch etwas Naturtofu dazu würfeln (vorher gut ausdrücken, damit er nicht wässrig ist). Gibt dem Ganzen noch mal mehr Textur und ist zusätzlich zu den Kichererbsen eine super Eiweißquelle.

Während das Curry kocht, kann man parallel den Reis kochen. Hier lautet die Faustregel: 1 Tasse Reis auf 2,5 Tassen Wasser.

Den Reis zuerst gut mit kaltem Wasser abspülen – so klebt er später nicht. Dann mit dem Wasser und einer Prise (nicht zu viel, viel weniger als bei Nudeln) Salz in einen kleinen Topf geben. Deckel drauf, aufkochen lassen, dann auf kleinste Stufe stellen und 15 Minuten köcheln lassen, ohne umzurühren und mit geschlossenem Deckel. Wenn das Wasser weg ist: runter vom Herd, kurz mit der Gabel auflockern – fertig.

3. Blechgemüse (mit Reis und/oder Käse überbacken)

Das perfekte »Ich hab noch Gemüse übrig«-Gericht. Einfach Ofen anschmeißen, Lieblingsgemüse grob schneiden (zum Beispiel Zucchini, Paprika, Karotte, Brokkoli), auf ein Blech mit Backpapier werfen, etwas Öl drüber, Salz, Pfeffer, fertig.

Bei 200 Grad etwa 25 bis 30 Minuten backen. Wer will, kann am Ende noch etwas Käse drüberstreuen und kurz überbacken – muss aber nicht. Lässt sich auch super »mealpreppen« mit Reis.

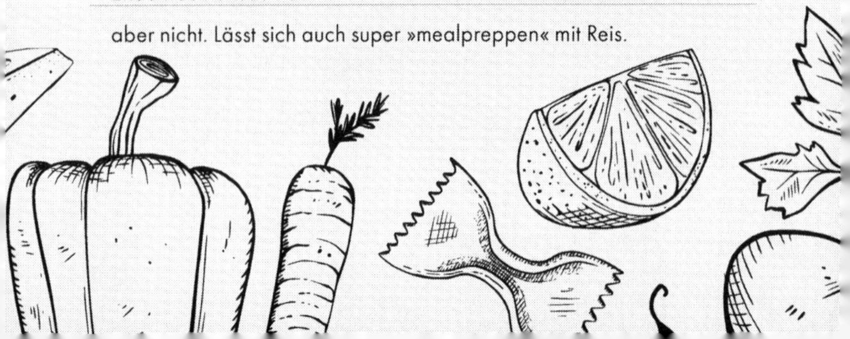

4. **Wraps mit allem, was der Kühlschrank hergibt**

Das perfekte Essen für einen Abend mit Freund*innen – oder wenn Reste wegmüssen.

Wraps leicht anfeuchten und kurz einzeln in der Pfanne oder Mikrowelle aufwärmen und auf einen Teller legen. Dann alles vorbereiten, was rumliegt: Tomate, Gurke, Avocado, Mais, Salat, Frischkäse, Reste von gekochtem Reis – in den Wrap kann wirklich alles rein, worauf du Lust hast.

Für etwas Crunch und Protein kann man (vegetarische/vegane) Chicken Streifen anbraten. Dann einfach belegen, rollen, essen. Macht Spaß, macht satt – und spart Lebensmittel.

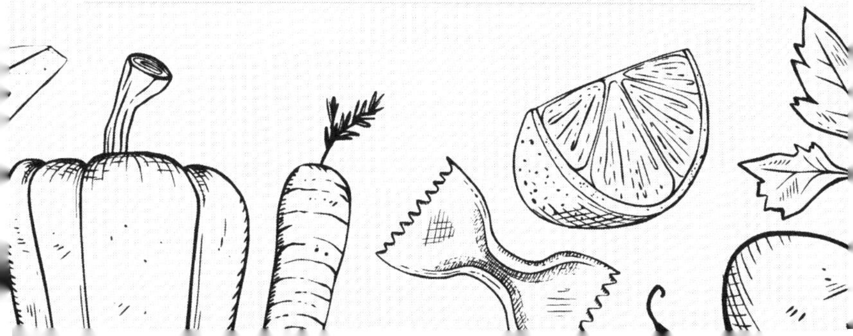

GESUND SEIN – GESUND BLEIBEN

Seit Jahren nimmt das Wissen um gesunde Ernährung, Hygiene und Fitness stetig zu. Die Voraussetzungen, gesund zu bleiben, waren also selten so gut wie heute.

Andererseits haben psychische Belastungen, Stress und ungesunde Alltagsbelastungen eher zugenommen. Und die können erheblichen Einfluss auf deine Gesundheit haben. Dass du diese Zusammenhänge siehst und kennst und dich auch in dieser Hinsicht gesund verhalten kannst, ist uns in diesem Kapitel besonders wichtig.

Das Gesundheitswesen legt seinen Fokus auf Symptome und Behandlungsmethoden. Das haben wir während der Corona-Pandemie wieder gemerkt. Natürlich findest du in diesem Kapitel auch ein paar Tipps gegen gesundheitliche Beschwerden. Aber vor allem geht's doch darum, gesund zu bleiben. Und deshalb fangen wir genau damit an …

Kommt eine Krankheit wirklich angeflogen?

Reden wir nicht über den Beinbruch beim Fußball oder die Grippewelle, die irgendwann alle erwischt. Es gibt Krankheiten, gegen die können wir nichts machen. Die unbequeme Wahrheit ist aber: Sehr viele Gesundheitsprobleme wären bei richtigem Verhalten vermeidbar. Das gilt nicht nur für die großen Alterskrankheiten, die dich vielleicht jetzt noch nicht interessieren. Hier schätzen Experten, dass 80 Prozent der Herz-Kreislauferkrankungen und bis zu 40 Prozent der Krebserkrankungen vermieden werden könnten. Wahnsinn, oder?

Aber auch in jungen Jahren kannst du viel tun, um gesund zu bleiben. Dann kommen Krankheiten entweder gar nicht auf oder sie haben gegen dein starkes Immunsystem keine Chance!

Schlaf

Wir sprachen davon: Ein Drittel deines Lebens verbringst du mit Schlafen. Das ist die Grundvoraussetzung dafür, dass du regenerierst und dein Immunsystem intakt bleibt. Zu wenig schlafen oder sich mit Aufputschmitteln wachhalten, ist kurzsichtig. Wenn du ein paar Wochen später komplett flach liegst, weil dein Körper sich gegen den kleinsten Schnupfen nicht mehr wehren kann, hast du auch nichts gewonnen.

Es gibt unterschiedliche Schlaftypen: Nachteulen und Frühaufsteher. Das ist okay. Aber 7 bis 10 Stunden Schlaf sind für dich einfach nötig. Ob die dann zwischen Mitternacht und 10 Uhr oder 22 Uhr und 8 Uhr stattfinden, spielt prinzipiell keine Rolle.

Aktuell propagieren einige Erfolgs-Coaches den »5-Uhr-Club«: Wer früh aufsteht, kann mehr arbeiten. Solange du dann auch um 9 Uhr abends ins Bett gehst, kein Problem. Der Körper lässt sich in dieser Hinsicht nicht betrügen.

Andererseits gilt beim Schlaf auch nicht »je länger, desto besser«. Oskar hatte eine Zeit lang große Probleme, morgens aus den Federn zu kommen. Bis er feststellte, dass es viel einfacher war, wenn er den Wecker eine halbe Stunde früher stellte.

Weniger schlafen und ausgeschlafener sein? Ja, das geht. Es kommt nämlich darauf an, in welcher Schlafphase du gerade bist, wenn der Wecker klingelt. Aus dem Tiefschlaf gerissen zu werden, fühlt sich immer schlecht an, auch um 10 Uhr morgens.

Tobias stellt sich seit einigen Jahren keinen Wecker mehr und wacht einfach siebeneinhalb bis acht Stunden nach dem Einschlafen auf. Wenn er zu früh, also vor 23 Uhr, ins Bett geht, liegt er zu lange wach. Auch nicht gut.

Dein richtiges Schlaffenster kannst du mit Apps, Ringen oder Fitnessbändern tracken und optimieren. Oder einfach experimentell selbst erforschen. Am besten probierst du einfach geduldig aus, idealerweise an Tagen, an denen du keinen Wecker brauchst. Nach wie vielen Stunden wachst du von allein auf?

Schlafbedingungen

Wenn Tobias unter der Woche später als Mitternacht ins Bett geht, stören ihn morgens Tagesanbruch, Straßenlärm und Nachbarn – Rollläden hat er nicht und bei geschlossenem Fenster fehlt ihm frische Luft.

Wie für das Ausschlafen gibt es auch für das Einschlafen Bedingungen, die es deinem Körper erleichtern. Idealerweise hast du eine regelmäßige Routine, die deinem Körper signalisiert, dass er langsam runterfahren kann: ein leichtes Abendessen zu gleichbleibender Zeit, ein kurzer Spaziergang in der Dämmerung, dann Umziehen, Zähneputzen und noch ein paar Seiten im Buch lesen.

Auch Dehnübungen oder Yoga können helfen. Und auch beim Sex wird der Cortisolspiegel (Stresshormon) gesenkt und Oxytocin (Bindungshormon) ausgeschüttet, was prinzipiell gut fürs Einschlafen ist – solange du mit der Situation insgesamt im Reinen bist.

Ungünstige Bedingungen sind dagegen schwere, fettige Mahlzeiten, Alkohol, aufputschende Drogen, intensives Training und andere anregende Tätigkeiten, aufregende Filme und Serien, Social-Media-Konsum, besorgniserregende Nachrichtensendungen oder Arbeiten bis kurz vorm Schlafengehen.

Alkohol hilft entgegen der weit verbreiteten Meinung übrigens nicht beim Schlafen. Er macht dich zwar kurzfristig ruhiger, weshalb du möglicherweise einschläfst, in der Folge aber zerstört Alkohol die wichtigen REM-Schlafphasen. Du wachst in der Nacht wieder auf oder bekommst zumindest viel weniger erholsamen Schlaf, als du brauchst.

Kleine Liste zum Gesundbleiben

- Ausreichender Schlaf (7 bis 10 Stunden)
- Ausreichend trinken (vor allem Wasser, 1,5 bis 3 Liter)
- Ausgewogene und gesunde Ernährung
- Bewegung (Spaziergang, Sport, kleine Routinen)
- Einseitige (Sitz-)Haltung ausgleichen (Dehnen, Yoga)
- Stress und psychische Belastungen vermeiden
- Regelmäßige mentale Erholung (Handypause, Meditation)
- Alkohol, Aufputschmittel und Drogen meiden (Gib mal »Zusammenhang Brustkrebs und Alkohol« bei Google ein …)
- Deinen Körper kennen und ihm zuhören

Wenn der Körper aus der Balance kommt

Du sollst natürlich nicht wie eine Maschine jeden Tag gesundheitsoptimiert mit einer Strichliste herumlaufen. Ab und zu Party machen ist auch gesund! Es geht um deine regelmäßigen Gewohnheiten. Und wenn du die Zusammenhänge kennst, kannst du gut reagieren, wenn Probleme mit Gesundheit und Wohlbefinden auftauchen.

Deshalb wollen wir dir weniger sagen, welche Medikamente du nehmen sollst – dafür gibt es ja Ärztin oder Apotheker –, sondern eher, welche Ursachen hinter Krankheiten stecken könnten. Dann kannst du die vielleicht minimieren und durch richtiges Gegensteuern schnell wieder gesund werden. So sind die folgenden Tipps zu typischen Gesundheitsbeschwerden zu verstehen.

Grundregel: Immer, wenn du dich richtig schlecht fühlst, deine Beschwerden länger anhalten oder sehr stark sind, geh zum Arzt!

Erkältung

Auch wenn ein gutes Immunsystem dich schützt: Drei- bis viermal im Jahr erkältet zu sein, ist normal. Der Körper will ja auch gegen Angriffe im Training bleiben.

Erkältungen kommen meist durch Viren, die beim Husten, Niesen, Sprechen oder über Gegenstände übertragen werden. Händewaschen hilft da natürlich, zum Beispiel nach der Zugfahrt, nach dem Einkaufen und vor dem Essen.

Je nachdem, wo im Körper die Viren ihr Unwesen treiben, hast du Heiserkeit, Halsschmerzen, Schnupfen, Husten oder Fieber. Häufig auch in dieser Reihenfolge.

Damit dein Körper gut dagegen ankommt, braucht er … richtig: Schlaf, Erholung und Ruhe. Außerdem viel Flüssigkeit, um die Viren wieder loszuwerden. Und alles, was wir oben als »ungünstige Bedingungen« für den Schlaf aufgelistet haben, ist jetzt noch ungünstiger: schwere Mahlzeiten, Drogen, Alkohol, körperliche Anstrengung, Stress.

Kommt Fieber dazu, meint es dein Körper ernst. Dann setze ein Ausrufezeichen hinter den letzten Absatz. Eigentlich ganz einfach.

Es gibt beliebte Merksprüche für Erkältungen, die nicht falsch sind: »Erkältungen dauern sieben Tage. Wenn man was dagegen macht, nur eine Woche.« (Oder »Eine Erkältung kommt drei Tage, bleibt drei Tage und geht drei Tage.«) Alles im Rahmen von sieben bis zehn Tagen ist also normalerweise unbedenklich. Schone dich und schütze andere – also lauf nicht als Virenschleuder durch die Gegend.

Helfen können außer der Ruhe auch Tee, Hustenlöser, Lutschtabletten gegen die Halsschmerzen und selten ein abschwellendes Nasenspray, vor allem, wenn du dadurch besser schlafen kannst.

Ein Antibiotikum brauchst du nur, wenn dein Hausarzt bei dir eine bakterielle Infektion feststellt. Das ist höchstens bei zehn Prozent die Ursache von Infektionen. In allen anderen Fällen setzt du dich unnötig Nebenwirkungen aus und schädigst möglicherweise deine Darmflora und damit dein Immunsystem. Vor allem hast du gar nichts davon: Bei viralen Infektionen nützen Antibiotika nämlich nichts …

Die Familie von Tobias und Oskar geriet irgendwann mal an einen erfahrenen Homöopathen und behandelt seither leichtere Krankheiten immer zunächst mit Globuli. Frei nach dem Motto: »Wir glauben nicht dran, aber sollte es trotzdem nützen, schadet es ja auch nicht.« Und da sich Erkältungen und Schmerzen nicht nur ab und zu, sondern recht häufig rasch besserten, blieb sie weitgehend dabei. Jedenfalls mussten Oskar und seine große Schwester in ihrer gesamten Kindheit nie ein Antibiotikum nehmen.

Wie du zu Homöopathie oder auch anderen Hausmitteln stehst, ist ganz allein dir überlassen. Entscheidend ist natürlich, dass du bei ernsten Krankheiten die schulmedizinisch notwendige Behandlung nicht verschleppst. Sonst kann alles viel schlimmer werden.

Kopfschmerzen

Es gibt unzählige Gründe, warum du Kopfschmerzen haben kannst. Ein paar davon sind so simpel, dass du sie kennen solltest.

Trinken: Wenn das Blut zu dick wird, kann das die Sauerstoffversorgung im Gehirn verringern und du bekommst Kopfschmerzen. Da viele regelmäßig zu wenig Wasser trinken, ist das eine einfache und häufige Ursache.

Sonne: Wenn du zu lange in der Sonne gesessen hast oder gelaufen bist und deinen Kopf nicht geschützt hast, kann die Folge Kopfschmerz und Übelkeit sein. Auch hier helfen Trinken, ins Kühle gehen – und im Notfall eine ärztliche Fachkraft.

Alkohol: Der sogenannte »Kater« ist ebenfalls eine Folge von Wasserverlust, in diesem Fall durch Alkohol. Auch andere Drogen können Vergiftungserscheinungen verursachen, die sich unter anderem in Kopfschmerzen äußern. Also wieder Wasser trinken und Alkohol als das betrachten, was er biologisch ist: Gift.

Kaffee: Tobias trinkt täglich etwa drei bis vier doppelte Espressi. Wenn er auf Reisen lange im Auto sitzt und keinen Kaffee dabeihat, bekommt er nach wenigen Stunden Kopfschmerzen als Reaktion auf diesen Entzug. Auch hier hilft Wasser – oder natürlich ein Rastplatz mit Kaffee …

Verspannungen: Oskar rief kürzlich Tobias an und klagte über Kopfschmerzen. Es stellte sich heraus, dass Oskar an einem Video arbeitete und eigentlich schon ganze Tage lang nur vor dem Bildschirm gesessen hatte. Verspannungen im Schulter-Nacken-Bereich sind eine verbreitete Ursache, die (ausnahmsweise nicht mit Wasser) mit Bewegung abgestellt werden kann.

Überreizung: Ausgeprägter Medienkonsum kann auch ohne Haltungsprobleme Kopfschmerzen verursachen. Das Gehirn wird dann durch die vielfältigen und starken Eindrücke einfach überlastet. Filme, Serien und Social Media sind nicht immer so entspannend und zerstreuend, wie man meint. Sie können – im Gegenteil – Stressreaktionen und Überforderung auslösen. Dann helfen Ruhe, Nähe zu ausgewählten lieben Menschen und eine starke Reduktion der Sinneseindrücke.

Magen-Darm-Probleme
Kopfschmerzen und Übelkeit hängen oft zusammen und haben häufig die gleichen Gründe. Es gibt aber noch ein paar mehr, vor allem wenn Durchfall dabei ist.

Lebensmittelvergiftung: Tobias kam auf einer Reise durch Namibia auf die hervorragende Idee, an einer Tankstelle eine Art afrikanisches Mettbrötchen zu essen. In diesem hatten sich aufgrund der großen Hitze und schlechten Lagerung offenbar schon einige Bakterien gebildet, was zu zwei Tagen »Urlaubspause« führte. Verdorbenes Fleisch, Fisch oder Hähnchen kann den Magen-Darm-Trakt lahmlegen.

Infektionen: Viren, Bakterien und Parasiten können auch auf andere Weise in den Körper gelangen, beispielsweise durch einen kranken Mitbewohner, der dieselbe Toilette benutzt.

Reisekrankheit: Bei manchen Menschen kommt auf Reisen mit dem Auto, Zug oder Flugzeug der Gleichgewichtssinn durcheinander. Ihnen wird dann übel oder sie müssen sich erbrechen. Die Ratschläge reichen von frischer Luft über Ablenkung bis zu Medikamenten und Atemübungen. Manchmal hilft es nach Tobias' Erfahrung auch einfach, sich nicht gegen die ungewohnten Bewegungen zu wehren, sondern es als eine Art Tanz zu verstehen. Probier's mal – und halte eine Tüte bereit.

Angst: Bei Stress und Angst kann die Darmfunktion beeinträchtigt werden. Dann spielt der Darm verrückt: Entweder passiert gar nichts mehr – oder alles auf einmal. Dabei ist es egal, ob eine Prüfung ansteht, du zu einem Date unterwegs bist oder mit dem Flugzeug in eine Turbulenz gerätst.

Angst lässt sich nicht in acht Zeilen heilen. Aber zunächst mal signalisiert dir dein Körper, dass du aus deiner Komfortzone kommst. Das muss nichts Schlimmes sein. Im Gegenteil: Nur so erlebst du ferne Länder, erreichst Meilensteine und findest möglicherweise einen Partner. Also, durchatmen und rein ins Leben!

Was bei Magen-Darm-Beschwerden hilft, ist natürlich mal wieder Trinken (Kräutertee, zum Beispiel Fenchel, Anis), sich schonen, erst mal nichts essen und dann mit leicht verdaulichen Lebensmitteln anfangen (Haferschleim, Salzstangen, geriebene Äpfel). Der Klassiker Cola und Salzstangen liefert ebenfalls die empfohlene Mischung aus Flüssigkeit, Zucker und Salz. Probier's aus, du merkst, was dir guttut.

Welche Ärzte oder Ärztinnen brauche ich?

Bisher war deine Kinderärztin oder dein Kinderarzt deine wichtigste Anlaufstelle – für Vorsorgeuntersuchungen, Impfungen und vielleicht zuletzt die J1 mit 13 oder die J2 mit 17.

Jetzt bist du erwachsen und musst dir vielleicht überhaupt erst mal einen Hausarzt oder eine Hausärztin suchen. Sie sind deine zentrale Anlaufstelle bei gesundheitlichen Problemen und erinnern dich auch an Impfungen – etwa, wenn dein Tetanus- oder Keuchhustenschutz abläuft. Auch der Diphtherieschutz muss alle zehn Jahre aufgefrischt werden.

Wenn du Reisen in ferne Länder planst, können weitere Impfungen dazukommen. Außerdem hilft dir die Hausärztin oder der Hausarzt bei gesundheitlichen Beschwerden oder leitet dich an die dafür zuständigen Fachärzte weiter.

Als gesetzlich Versicherter hast du bis zum 34. Lebensjahr einmalig Anspruch auf einen Gesundheitscheck mit Untersuchung sowie Blut- und Urinwerten. Bist du in der privaten Krankenversicherung, gelten andere Regeln.

Immer aber ist deine Hausärztin oder dein Hausarzt eine wichtige Anlaufstelle, mit der du ein gutes und vertrauensvolles Verhältnis haben willst. Darüber hinaus brauchst du eine Zahnärztin oder einen Zahnarzt für regelmäßige Kontrollen (alle sechs Monate) und – als Frau – eine Gynäkologin oder einen Gynäkologen. Ab dem 20. Lebensjahr solltest du hier jährlich zur Früherkennung hingehen.

Für Männer wird übrigens ab 18 Jahren ein monatlicher Eigen-Check empfohlen: Da ein bösartiger Hodenkrebs zwischen 20 und 35 besonders häufig vorkommt, solltest du also regelmäßig selbst kontrollieren, ob dir Verhärtungen, Knoten, Vergrößerungen oder Verkleinerungen der Hoden auffallen.

Zur Augenärztin oder zum Augenarzt kannst du auch alle paar Jahre gehen, wenn es in deiner Familie Probleme mit dem Sehen gegeben hat. Als Brillenträger solltest du die Augen alle zwei bis drei Jahre untersuchen lassen, mit Kontaktlinsen sogar noch häufiger.

Wie finde ich eine Ärztin oder einen Arzt?

Wenn du bereits in deiner Heimatstadt ärztlich gut versorgt bist und ohnehin nur für wenige Jahre an einem anderen Ort lebst, brauchst du vielleicht gar keine neuen Ärzte suchen. Dann behältst du einfach deine bisherigen medizinischen Anlaufstellen bei und planst deine Termine für den Urlaub daheim ein.

Wenn du aber regelmäßig Medikamente benötigst, eine chronische Krankheit hast oder langfristig an deinem neuen Wohnort bleiben wirst, wünschst du dir vielleicht doch lieber eine Vertrauensperson vor Ort.

Du kannst natürlich einfach andere nach Tipps fragen, am besten Einheimische, die schon längere Erfahrung haben. Oder du nimmst das Internet, Google Maps und die einschlägigen Bewertungsportale wie Doctolib und Jameda zu Hilfe. Auch Krankenkassen haben häufig eigene Portale, die dir weiterhelfen. In manchen Praxen kann man online einen Termin vereinbaren.

Am Ende kommt es darauf an, dass du dich mit deiner Ärztin oder deinem Arzt wohlfühlst. Magst du jemanden, der sich Zeit nimmt und nicht nur die messbaren Werte anschaut? Oder lieber jemanden, der schnell ein Rezept schreibt? Ist es dir wichtig, dass dir die Hintergründe deiner Beschwerden ausführlich erklärt werden? Oder suchst du einfach nur die richtige Tablette, damit es aufhört?

Ärztinnen und Ärzte sind genauso unterschiedlich wie ihre Patientinnen und Patienten. Oskar und Tobias bevorzugen eine ganzheitliche Betrachtungsweise und werden durch eine beruhigende und empathische Behandlung schon halb gesund.

Wie auch immer: Prüfe, zu wem du Vertrauen hast, und wechsle ansonsten lieber noch einmal. Aber tappe nicht in die »Doktor-Google-Falle« und glaube, alles besser zu wissen, nur weil es dir online erklärt wurde.

Natürlich kannst und solltest du es ansprechen, wenn dich online recherchierte Diagnosen beunruhigen oder du den Eindruck hast, es könnte etwas übersehen werden. Eine gute Ärztin wird dadurch nicht gleich in ihrer Autorität beleidigt sein. Da sie dich aber persönlich kennt und ein umfassenderes Bild von dir hat als die Suchmaschine, solltest du ihrer Einschätzung grundsätzlich auch Vertrauen entgegenbringen.

Die Hausapotheke

»Wozu brauch ich denn sowas? Ich bin doch gesund!«, denkst du dir vielleicht. Und du hast recht: Du musst es nicht übertreiben. Wenn du nie Kopfschmerzen hast, brauchst du auch keinen Vorrat an Tabletten anlegen. Bei vielen Beschwerden kannst du dir die Mittel einfach in der nächsten Apotheke holen oder im Notfall jemanden bitten, sie dir zu besorgen. Medikamente haben ja auch ein Ablaufdatum und nur zur Förderung der Pharmaindustrie sollten wir sie nicht kaufen und herumliegen lassen.

Aber manchmal gibt es sie halt doch, die krassen Schluckbeschwerden mitten in der Nacht. Oder du schneidest dir aus Versehen mit dem Gemüsemesser in den Finger. Dann bist du froh, wenn ein Minimum im Haus ist und du dich schnell selbst versorgen kannst.

Als Grundausstattung solltest du eine Schere, eine Pinzette und Einmalhandschuhe nicht lange suchen müssen. Auch eine Kühlkompresse im Gefrierfach und eine Wärmflasche sind hilfreiche Gegenstände. Schließlich gehört ein Fieberthermometer in die Hausapotheke, entweder um im Ohr oder unter der Zunge deine Temperatur zu messen.

Für die Erste Hilfe bei Verletzungen (Schnitte, kleine Brandwunden) brauchst du Pflaster für große und kleine Wunden, Heftpflaster, Jodsalbe zur Desinfektion, Mullbinden, elastische Binden und sterile Kompressen.

Mit einem Dreieckstuch kannst du Verbände fixieren, Wunden abpolstern oder auch mal eine Armschlinge binden.

An Salben und Medikamente empfehlen die Krankenkassen (bezahlen musst du diese rezeptfreien Arzneimittel übrigens selbst …):

- Schmerz- und Fiebermittel
- Medikamente gegen Erkältungssymptome
- Mittel gegen Verdauungsbeschwerden, Verstopfung und Durchfall

- Elektrolyte zum Ausgleich eines Flüssigkeitsverlusts
- Brandgel, Wund- und Heilsalbe
- Mittel gegen Insektenstiche, Sonnenbrand oder Juckreiz
- Salbe gegen Sportverletzungen

Natürlich bieten die Apotheken auch fertig zusammengestellte Koffer an, die teilweise noch eine Zeckenkarte, Erste-Hilfe-Anleitungen und eine Übersicht von Notfallnummern enthalten.

Wichtig ist, dass Medikamente nach einer Weile unbrauchbar werden. Deshalb solltest du deine Hausapotheke einmal im Jahr auf abgelaufene Heilmittel überprüfen. Ein guter Tipp bei Salben, Säften und Tropfen ist, dass du dir das Öffnungsdatum auf die Packung schreibst. Nach Anbruch sind sie meist nur wenige Tage oder Wochen haltbar.

Schlau ist es auch, wenn du irgendwo in der Wohnung gut sichtbar deine Notfallnummern aufbewahrst. Also deine persönlichen Notfallkontakte, die Nummer deines Hausarztes oder deiner Hausärztin, die Nummern des ärztlichen und zahnärztlichen Notdienstes und die Giftnotrufnummer deines Bundeslandes.

Dann hast du – oder jemand, der dir zu Hilfe kommt – im Fall der Fälle alles auf einen Blick parat.

Sonst alles fit?

Worüber wir bislang noch kaum gesprochen haben, ist die psychische Gesundheit. Tatsächlich kennt die Forschung inzwischen den Begriff »Quarterlife Crisis«, mit dem eine Sinnkrise gerade von jungen Erwachsenen zwischen 20 und 30 bezeichnet wird. Studien zeigen, dass über 30 Prozent der jungen Erwachsenen mit Depressionen, Ängsten, Essstörungen, Süchten oder suizidalen Gedanken zu kämpfen haben.

Tobias hatte während seines Studiums eine depressive Phase und »Nervenzusammenbrüche«. Den Begriff »Burn-out« kannte man damals noch nicht. Auch Oskar machte die Erfahrung, dass ein Leben als YouTuber und Influencer Schattenseiten mit sich bringt, die sich mit professioneller Hilfe deutlich leichter bewältigen lassen.

Wenn du die Gesundheitstipps vor allem zu Beginn dieses Kapitels beherzigst, schaffst du eine gute Grundlage, um auch seelisch fit zu bleiben. Im Abschnitt »Was die Seele braucht« werden wir noch mal ausführlicher darauf eingehen.

Wenn es dir nicht gut geht, zögere nicht, dir professionelle Unterstützung zu holen.

Deine Take-aways aus Kapitel 2

- Mit kleinen Routinen – zum Beispiel der »Zwei-Minuten-Regel« – bleibt der Haushalt ordentlich, ohne dass du ständig hinterherräumen musst.
- Klare Absprachen über Ordnung, Sauberkeit und Aufgaben können dir in einer WG oder Partnerschaft viele Konflikte ersparen. Wie wäre es mit einer Zettelbox?
- Mit einfachen Werkzeugen und ein wenig Grundwissen (Lampe anschließen, Dübel setzen, Stromkreis ausschalten) musst du nicht für jede Kleinigkeit Profis bezahlen.
- Die teuersten Lebensmittel sind die, die du wegwirfst. Planung, ein Gefrierfach und Resteverwertung sind dein bester Sparplan. Auch Foodsharing oder Too Good To Go sind einen Gedanken wert.
- Die Basics für Gesundheit sind: ausreichend Schlaf, regelmäßige Bewegung, gesunde Ernährung und Pausen. Alles, was den Schlaf stört (Alkohol, Stress, schwere Mahlzeiten), ist besonders ungünstig, wenn du krank bist.
- Typische Beschwerden wie Erkältungen, Kopfschmerzen oder Magen-Darm-Probleme kannst du oft mit einfachen Mitteln in den Griff bekommen. Antibiotika helfen nur bei bakteriellen Infekten, nicht bei Viren.
- Psychische Gesundheit ist genauso wichtig wie körperliche – scheue dich nicht, dir Hilfe zu holen, wenn es dir schlecht geht.

03.

DAS LIEBE GELD

Tobias verdiente als Musiker bereits mit 14 Jahren eigenes Geld und war seither immer selbstständig. Und Oskar verfügte durch seinen YouTube-Kanal bereits lange, bevor er erwachsen wurde und in eine eigene Wohnung zog, über ein eigenes Einkommen.

Wir gehören also zu den zehn Prozent in Deutschland, die ihr Geld voll selbstständig oder unternehmerisch verdienen.

Als Oskar etwa zehn Jahre alt war, las Tobias ihm das Buch »Ein Hund namens Money« von Bodo Schäfer vor. Seither haben wir immer wieder regelmäßig über Geld gesprochen – wo es herkommt, wo es bleibt und wie man am besten damit umgeht.

Beide haben wir schon Zeiten mit wenig Geld und Zeiten mit ordentlichem Einkommen erlebt. Wir kennen über die Arbeit und privat auch einige sehr wohlhabende Menschen – und wir haben immer wieder beobachten können, dass ein hohes Einkommen keine Garantie dafür ist, vermögend zu werden. Was wir dabei gelernt haben, könnte dir vielleicht ein paar Umwege ersparen.

FINANZEN IM GRIFF

»Geld ist nicht alles, aber ohne Geld ist alles nichts.« Vielleicht kennst du diesen Spruch. Er bringt zum Ausdruck, dass es viel Wichtigeres gibt als Geld. Und doch kann (vor allem fehlendes) Geld sehr unangenehm sein, Partnerschaften zerstören und sogar Menschen auf Abwege bringen.

Wir kennen deine finanziellen Voraussetzungen für den Start ins Erwachsensein nicht. Hast du bereits ein eigenes Einkommen? Welchen Lebensstandard bist du gewohnt? Legst du was beiseite oder ist am Ende des Geldes noch zu viel Monat übrig?

Egal wie groß dein Budget ist: Entscheidend ist, wie du damit umgehst. Nimm dir die Zeit, das einmal aufzuschreiben – auf Papier oder in einer App. Danach siehst du sofort klarer.

Einnahmen

Wenn du bereits eine Ausbildung oder einen Studienabschluss hast und deine erste Arbeitsstelle antrittst, treffen die folgenden Absätze nicht auf dich zu. Dann sind deine Einnahmen einfach dein Nettogehalt.

Sonst unterstützen dich vermutlich deine Eltern. Prinzipiell hast du denen gegenüber sogar einen Unterhaltsanspruch, solange du noch in deiner ersten berufsqualifizierenden Ausbildung steckst. Wenn du in einer eigenen Wohnung lebst, stehen dir – je nach Einkommen deiner Eltern – meist runde 1.000 Euro im Monat zu, plus Kranken- und Pflegeversicherung und mögliche Studiengebühren. Für viele Familien ist das ein echter Kraftakt.

Damit deine Eltern das stemmen können, erhalten sie Kindergeld und einen Steuerfreibetrag. Außerdem haben sie einen Selbstbehalt (Stand 2024 sind das 1.400 Euro für Erwerbstätige und 1.200 Euro für Nicht-Erwerbstätige), der ihnen für das eigene Überleben bleiben muss.

Kindergeld wird auf den Unterhaltsanspruch angerechnet, egal an wen es ausgezahlt wird. Auch deine Ausbildungsvergütung (aktuell mindestens 682 Euro im ersten und 955 Euro im vierten Lehrjahr) wird abzüglich einer Pauschale auf deinen Unterhaltsanspruch angerechnet. Wenn du selbst etwas geerbt oder zurückgelegt hast oder wenn du regelmäßig Geld verdienst, wird auch das berücksichtigt.

Sollten deine Eltern nicht genug verdienen, um dir Unterhalt bezahlen zu können, wird der Anspruch in die Zukunft verschoben. Das bedeutet, dass sie diese Schulden zurückzahlen müssen, sobald sie dazu in der Lage sind.

BAföG & Co.

Unter bestimmten Umständen kannst du auch BAföG bekommen. Das ist allerdings seltener der Fall, als man denkt. Die eine Hälfte ist ein Zuschuss und die andere wird als zinsloses Darlehen gewährt. Fünf Jahre nach Ablauf der Förderhöchstdauer muss das BAföG zurückbezahlt werden bis zu einer maximalen Höhe von 10.010 Euro (Stand 2024). Du findest hierzu alle Informationen unter *www.bafög.de*.

Auch ein Stipendium ist absolut einen Gedanken wert. Es gibt eine Menge Förderangebote für das Studium und die Ausbildung. Und dabei ist nicht entscheidend, dass du ein Überflieger bist. Es gibt zahlreiche Kriterien, die dich für ein Stipendium qualifizieren können. Manchmal reicht sogar der Wohn- oder Geburtsort als Kriterium.

Stipendienangebote kannst du gut online recherchieren. Der Deutsche Akademische Austauschdienst (DAAD) hat eine Datenbank, auf mystipendium.de findest du europaweit viele tausend Programme und von staatlicher Seite gibt es das »Deutschlandstipendium«, um nur einige Möglichkeiten zu nennen. Es lohnt sich, da ein paar Stunden reinzustecken – manchmal sind es wenige Klicks zu ein paar hundert Euro.

Nebenjobs

Wenn dir das Geld am Ende des Monats ausgeht, gibt's zwei Wege: weniger ausgeben oder mehr einnehmen. Letzteres kann auch Spaß machen.

Bis zur Minijob-Grenze kannst du in der Regel zusätzlich zur Ausbildungsvergütung ohne Abzüge dazuverdienen. Beim BAföG gibt es einen Freibetrag, der aktuell etwas niedriger ist. Die Unterhaltspflicht deiner Eltern wird durch ein eigenes Einkommen allerdings reduziert.

Wenn du in Ausbildung bist, kannst du sogar einen Minijob bei deinem Ausbildungsbetrieb ausüben. Wenn du bei einem anderen Arbeitgeber einen Minijob antrittst, muss dein Betrieb darüber Bescheid wissen. Auf keinen Fall darf die Ausbildung dadurch gefährdet werden und auch die Ruhezeiten musst du einhalten.

Für Nebenjobs gibt es ansonsten Online-Portale wie Zenjob, Jobmensa oder Studentjob sowie Jobbörsen und Angebote des Studierendenwerks. Du kannst als studentische Hilfskraft oder Werkstudent Geld verdienen, Haushaltshilfen, Babysitter oder Gärtner anheuern und in der Gastronomie arbeiten.

Vielleicht hast du auch kreative Talente, die du monetarisieren kannst, beispielsweise mit Straßenmusik, als Influencer oder mit einer eigenen Töpferwerkstatt.

Ein Freund von Oskar kam auf die Idee, Ringe aus alten Silbergabeln herzustellen und diese erfolgreich durch Werbung auf TikTok zu vermarkten. Ein anderer hatte Ideen für Verschenk-Bücher, die er per Print-on-Demand über Amazon verkaufte. Tobias nutzte seine musikalischen Fähigkeiten, um mit Barmusik in einem Hotel und als Pianist in einer Ballettschule etwas dazuzuverdienen.

Dein Nebenjob kann Grundstein für eine spätere Selbstständigkeit sein, ein zweites Standbein darstellen oder für noch mehr Erfahrung in deinem künftigen Hauptberuf sorgen. Genauso gut kannst du aber mit deinem Engagement auch einfach etwas Nützliches und Sinnvolles tun: Seniorenheime brauchen Personal für die Essensausgabe, Alltagshelfer und vieles mehr. Und falls du handwerkliche Vorerfahrung hast, suchen viele Photovoltaik-Installationsbetriebe schwindelfreies Personal, das ihnen hilft, die Photovoltaik-Module auf die Dächer zu bringen. Um nur einige Anregungen zu nennen.

Du kannst also einiges tun, um deine Einnahmen zu erhöhen. Aber sei vorsichtig: Sobald du über die Minijob-Grenze hinausgehst und gewerblich oder unternehmerisch tätig wirst, musst du dich selbst um Steuern und Formalitäten kümmern.

Und natürlich kommt es darauf an, wie stark dich Ausbildung oder Studium fordern. Vielleicht schaust du erst einmal, wie du mit der ganzen Belastung durch neue Aufgaben, neue Freunde und Hausarbeit zurechtkommst. Oder du nimmst erst während der vorlesungsfreien Zeit einen Job an und wartest ein paar Monate ab.

Gesamteinnahmen

Alles in allem kann man sagen, dass viele junge Erwachsene mit einer eigenen Wohnung monatlich knappe 1.000 Euro an Einnahmen zur Verfügung haben.

Deine Eltern sind gesetzlich verpflichtet, deine erste Ausbildung zu finanzieren. Sogar wenn dadurch ihre eigene Alterssicherung gefährdet ist oder nicht mehr genug für das Darlehen ihrer Wohnung übrig ist. Das kann – vor allem bei mehreren Kindern – eine ganz schöne Belastung sein. Das durchschnittliche Haushaltseinkommen beträgt immerhin gerade mal 2.600 Euro netto (Stand 2024).

Sprich offen mit deinen Eltern darüber, wie viel möglich ist – das erleichtert allen die Planung. Und wenn es machbar ist, dass du weniger brauchst, ein

Stipendium infrage kommt oder du selbst etwas dazu verdienst, werden sie sich sicher freuen …

Fixkosten

Eine aktuelle Studie vom März 2025 besagt: Durchschnittlich gehen bei Studierenden fast 500 Euro nur fürs Wohnen drauf – also oft die Hälfte des Budgets. Verrückt, oder?

In München, Frankfurt, Berlin, Hamburg und Freiburg liegen die Preise sogar teilweise deutlich darüber. Bis zu 900 Euro muss man in München nur für die Wohnkosten rechnen. In manchen ostdeutschen Städten wie Dresden, Magdeburg oder Chemnitz lebt man für 250 bis 400 Euro dagegen deutlich günstiger.

Wohnkosten umfassen die Miete, die Mietnebenkosten, Strom und Ausgaben für Kabel und Internet. Auch die Kranken- und Pflegeversicherung will monatlich Geld von dir. Außer du bist unter 25 Jahre alt, im Studium oder in einer Berufsausbildung und bleibst unter bestimmten Einkommensgrenzen. Dann kannst du noch bei deinen Eltern familienversichert sein.

Zu den weiteren Fixkosten gehören zudem alle regelmäßigen Ausgaben, die du vertraglich festgelegt hast und nicht so einfach ändern kannst. Möglicherweise hast du beispielsweise weitere Versicherungen

(Haftpflicht, Zahnzusatz etc.) und falls du studierst, können Studiengebühren und Semesterbeiträge fällig werden.

Vermutlich bezahlst du auch monatlich deinen Mobilfunkvertrag. Um den möglichst günstig zu halten, kannst du Discounter-Angebote nutzen, eine Zusatzkarte mit deinen Eltern oder Freunden teilen, dein Datenvolumen durch konsequente WLAN-Nutzung minimieren und natürlich auf den hohen Aufschlag für ein neues Smartphone verzichten.

Falls du Entertainment-Abos wie Spotify, Netflix oder Disney+ oder als Sportfan Sky oder DAZN hast, gehören diese auch zu den monatlichen Fixkosten. Sie sind aus unserer Sicht aber weniger »fix«, denn die Frage ist, ob du dir diese relativ teuren Angebote wirklich leisten willst oder ob es nicht doch günstigere Möglichkeiten gibt, sich »zu unterhalten«. Wir würden sie eher zu den variablen Kosten zählen, die später noch kommen.

Das klingt alles sehr technisch, aber wenn du deine Fixkosten kennst, weißt du genau, wie viel Geld am Ende noch für Spaß übrigbleibt.

Manche Fixkosten werden nicht monatlich, sondern semesterweise, halbjährlich oder jährlich fällig. Dann setzt du in der Ausgabenliste einfach 1/12 davon pro Monat an. Du musst dann nur darauf achten, dass im Monat der Abbuchung auch genügend Geld auf dem Konto ist …

Weitere Lebensunterhaltskosten

Nachdem du alle Fixkosten aufgelistet und zusammengerechnet hast, ist vermutlich schon ein großer Teil deines Budgets verbraucht. Es gibt aber noch weitere Ausgaben, ohne die du auf Dauer nicht überleben kannst.

Denn du brauchst natürlich auch was zu essen und zu trinken. Und du benötigst sicher regelmäßig Drogerieartikel wie Kosmetik, Hygieneartikel, Waschmittel und vieles mehr.

Wenn du regelmäßig in deinem Betrieb oder an deiner Hochschule in eine Mensa gehen kannst oder eine Kochbox abonnierst, dann setzt du diese Beträge hier an. Außerdem hast du vielleicht schon einen Erfahrungswert für deinen wöchentlichen Großeinkauf.

Falls du noch gar keine Ahnung hast, kannst du von einem Durchschnittswert von 200 Euro monatlich ausgehen und schauen, wie du damit zurechtkommst.

Tobias geht seit Jahrzehnten regelmäßig die Kontoauszüge durch, um seine Kosten zu kennen und zu planen. Dafür gibt es inzwischen natürlich Banking-Apps, die dir diese Arbeit erleichtern – wobei eine

Budgetplanung mit Papier und Kugelschreiber auch etwas Sinnliches hat …

Da er meist im selben Supermarkt und in der gleichen Drogerie einkauft und mit der gleichen Karte bezahlt, kann er diese Beträge filtern, zusammenfassen und dann einen Durchschnittswert ermitteln. Wenn du dir drei bis sechs Monate deine Ausgaben anschaust, weißt du ziemlich genau, was du im Schnitt brauchst. Für Versicherungen und jährlich bezahlte Mitgliedschaften brauchst du zwölf Monate.

Mit dieser Methode entdeckst du auch, wofür du sonst noch so dein Geld ausgibst: Kleidung, Fachbücher und Ausbildungsmaterial beispielsweise sind ebenfalls nicht verhandelbar, wenn du erfolgreich studieren und nicht nackt im Hörsaal sitzen willst. Die entsprechenden Durchschnittsbeträge kommen also auch noch auf die Fixkostenliste.

Mobilität

Natürlich musst du mobil sein – für den Weg zum Betrieb oder zur Hochschule, für Besuche bei Freunden und deinen Eltern. Und das kostet regelmäßig.

In der leider schon etwas veralteten Sozialerhebung des Deutschen Studierendenwerks von 2021 werden monatlich 90 Euro für Mobilität angegeben. Vielleicht reicht dir das ÖPNV-Ticket, das im Semesterbeitrag enthalten ist. Oder dein Betrieb bietet das Deutschlandticket als Jobticket mit an. Aber selbst wenn du das meiste mit dem Fahrrad erledigst, brauchst du ein gewisses Budget für Reparaturen, Wartung und wettergerechte Kleidung.

Ein Auto kommt wohl für die wenigsten infrage, aber das hängt von deinen Tätigkeiten ab. Als Keyboarder und Tanzmusiker hatte Tobias kaum eine andere Wahl, um sein Equipment zu den Auftritten zu transportieren. Zumal sowohl seine Heimatstadt Konstanz als auch sein Studienort Trossingen ausgesprochen schlecht ans Bahnnetz angebunden waren.

Falls du einen Führerschein hast, gibt es in größeren Städten meist gute Möglichkeiten, sich bei Bedarf kurzfristig ein Auto oder einen Transporter zu mieten. Und allein die Parkplatzsituation ist oft so schwierig und kostspielig, dass sich hier ein eigenes Auto kaum rentiert.

Oskar fiel zum Thema Mobilität auf, dass manche seiner Freunde diesen Faktor bei der Wohnungssuche zu wenig berücksichtigen: Manche sparen durch eine günstige Wohnung, die außerhalb und weit weg von Arbeitsstelle oder Hochschule liegt – und zahlen dafür doppelt bei der Zeit und den Fahrtkosten. Rechne das unbedingt mit ein.

Lifestylekosten

Vermutlich entdeckst du bei der Durchsicht deiner Kontoauszüge noch weitere Ausgaben, zum Beispiel für Kino, Essen gehen, Konzerte und Freizeitgestaltung. Das sind auch wichtige Dinge, aber du könntest ohne sie leben. Wir nennen sie deshalb die »variablen Ausgaben«.

Über Streaming-Abos hatten wir schon gesprochen. Es gibt jede Menge Möglichkeiten, sein Geld auszugeben, die für die Würze im Leben sorgen und Spaß machen. Und teilweise können es auch sehr sinnvolle Dinge sein, wie gute Bücher oder der Mitgliedsbeitrag im Fitness-Studio bzw. Yoga.

Rein statistisch betrachtet hast du allerdings durch die Fixkosten und Lebenshaltungskosten bereits 85 Prozent oder mehr deines Budgets aufgebraucht. Hier tut also jeder Euro gut, den du einsparen kannst.

Rauchen

Falls du Raucher bist und deine Zigaretten mit der Karte bezahlst, siehst du schwarz auf weiß, was dich das monatlich kostet: Mit einer halben Schachtel am Tag landest du bei etwa 120 Euro, die sich in Luft auflösen. Tobias brauchte in seiner Studienzeit ein ganzes Päckchen am Tag und wäre heute mit 240 Euro dabei. Teure Geschichte.

Rauchen kostet nicht nur Geld, sondern oft auch ein Stück Freiheit. Tobias selbst rauchte 14 Jahre lang – und merkte irgendwann, dass er sich damit nur vor seinem eigenen Stress und seiner Unsicherheit versteckte. Stattdessen wollte er lernen, diesen Stress auszuhalten. Als er diesen Entschluss gefasst hatte, war das für ihn der eigentliche Wendepunkt – nicht irgendein Schreckensbild von Krebs oder Raucherbein. Für ihn hat sich der alte Spruch bestätigt: Man fängt mit Rauchen an, um erwachsen zu wirken, und hört wieder auf, wenn man es wirklich ist.

Freizeit und Konsum

Bei vielen von Oskars Freunden laufen in diesem Bereich die Budgets am ehesten aus dem Ruder. Essen gehen, feiern gehen, Party machen, muss ja auch irgendwie sein. Aber wie bekommst du die Ausgaben in den Griff?

Die Frage, über die auch Oskar und Tobias in diesem Zusammenhang diskutiert haben, ist: »Was brauchen wir eigentlich?« Und was bedeutet »brauchen«? Erlaube uns deshalb einen kleinen Ausflug in die Psychologie …

Du hast bestimmt schon von den »menschlichen Grundbedürfnissen« gehört, wie sie beispielsweise in der Bedürfnispyramide von Maslow skizziert sind. Dazu gehören zunächst körperliche Bedürfnisse nach Nahrung, Trinken, sauberer Luft, Schlaf und Wärme sowie das psychische Bedürfnis nach einem sicheren Umfeld.

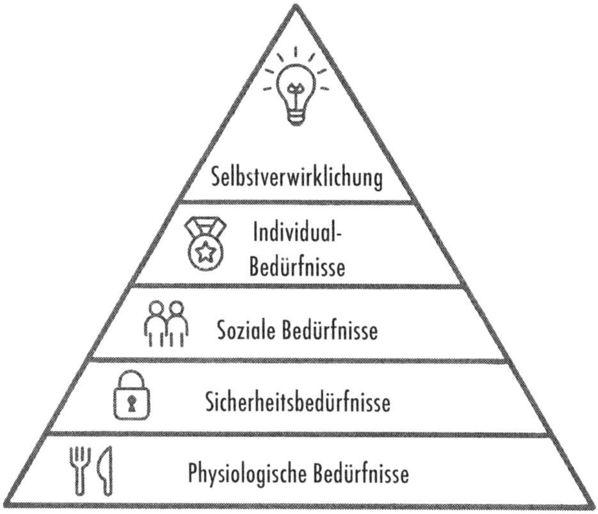

Bedürfnispyramide nach Maslow

Diese Grundbedürfnisse erfüllst du, wenn du ein Dach über dem Kopf hast, dein Lebensunterhalt gesichert ist und du krankenversichert bist. Auch die Sicherheit eines Ausbildungs-, Studien- oder Arbeitsplatzes gehört hier dazu.

Darüber hinaus haben wir aber weitere Bedürfnisse: Wir wollen dazugehören! Wir wollen von anderen wertgeschätzt werden! Wir wollen ein Gefühl von Erfolg und Wirksamkeit!

Viele Dinge, für die du Geld ausgibst, weil sie dir »Spaß machen«, dienen genau genommen einem dieser Bedürfnisse. Und ganze Industrien sind damit beschäftigt, dir diese Bedürfnisse sehr präsent zu machen, um dir dafür Geld aus der Tasche zu ziehen.

Feiern und Klamotten

Oskar kennt eine Menge Gleichaltrige, die regelmäßig trinken und feiern gehen und dafür mehr Geld ausgeben, als sie sich eigentlich leisten können. Manche spendieren sogar großzügig teure Getränke und wollen damit eigentlich nur eines: Zugehörigkeit und Status.

Natürlich senkt Alkoholkonsum die Hemmschwelle, und wir fühlen uns schneller einer Gruppe zugehörig. Ein gutes Gefühl. Aber es sinkt auch die Hemmschwelle, ein Budget einzuhalten. Die Frage ist, ob es die Gemeinschaft nüchtern betrachtet wirklich noch gibt und ob dein Status eher etwas mit deinen »Spendierhosen« zu tun hat – oder mit dem Respekt vor deiner Persönlichkeit oder deiner Leistung.

Dasselbe gilt für Markenklamotten, Designerkleidung und andere Accessoires. Die können sehr schick und hochwertig sein. Sie versprechen aber vor allem den Eintritt zu einem bestimmten gesellschaftlichen Status. Es ist allerdings mehr als fraglich, ob du am Ruhm einer berühmten Schauspielerin oder des Social-Media-Stars wirklich teilhaben kannst, indem du dieselben Schuhe anziehst …

Impulskontrolle

Egal ob Handtasche oder Magnumflasche: Wir empfinden beim Akt des Kaufens kurzfristig Glück. Das ist einfach Biologie, da wird Dopamin ausgeschüttet. Also: Hab Spaß, mach Dinge, die dir Freude bereiten. Aber lass dich nicht für dumm verkaufen von Leuten, die deine Hormone besser kennen als du selbst.

Oskar hat es sich zur Regel gemacht, bei potenziellen Impulskäufen nicht nur die berühmte Nacht darüber zu schlafen, sondern eine ganze Woche zu warten. Wenn ihm also ein Paar Schuhe über den Weg läuft, prüft er nach sieben Tagen, ob der Kaufimpuls noch da ist und ob sich die Anschaffung mit seinem klar festgesetzten Budget für Kleidung verträgt. Diese Regel spart enorm viel Geld.

Überraschende Kosten

Neben Einnahmen und Ausgaben haben Tobias und Oskar weitere Posten in ihrer Budgetplanung: »Spaß«, »Anschaffungen«, »Vermögen« und »Spenden« heißen sie. Der Sinn ist, dass auch für Unvorhergesehenes oder nicht Lebensnotwendiges immer genügend Geld vorhanden ist.

Am besten hast du ein Konto mit Unterkonten oder Spaces. Dazu kommen wir später noch. Du kannst aber natürlich auch klassisch jeden Monat das Geld in einem Umschlag beiseitelegen und auf diese Weise den Überblick behalten. So lernte Tobias die Budgetmethode von seiner Mutter kennen, die jede Menge Umschläge mit Scheinen in ihrem Schreibtisch aufbewahrte.

Wichtig ist, dass du nicht wartest, was am Ende des Monats übrig bleibt, sondern zu Beginn festlegst, wie viel du wofür ausgeben wirst. Wenn es dann nicht ausreicht, kannst du innerhalb der Budgets ja anpassen. Oder du musst deine Einnahmenseite erhöhen.

Du denkst vielleicht: »Dafür hab ich doch noch viel zu wenig Geld!« Der Trick bei diesem Budgetplan ist aber, dass er mit deinem Einkommen später mitwachsen kann. Deshalb fang ruhig schon damit an, wenn du für jeden Bereich nur 5 oder 10 Euro im Monat übrig hast.

Budgets einrichten

Spenden sind für dich vielleicht jetzt nicht so einleuchtend, denn vermutlich bist du meist selbst eher knapp dran. Und doch ist es ein gutes Gefühl, wenn du ab und zu jemand anderem etwas Gutes tun kannst. Ob das Geschenke sind, eine Einladung oder die 10 Euro am Stand des Kinderhospizes: Eine kleine Summe monatlich kannst vielleicht auch du einplanen, falls so eine Gelegenheit kommt.

Mit einem regelmäßigen Budget für Spaß kannst du die Kosten fürs Feiern, für Kinobesuche, Konzerte und Festivals oder auch fürs Essen gehen in den Griff bekommen. Du signalisierst dir damit, dass du dir auch mal was gönnst, aber dich dabei nicht von Gruppendruck, Werbeversprechen oder eingeschränkter Entscheidungsfähigkeit zu überteuerten Ausgaben verleiten lässt. Wenn alle ist, ist alle.

Auch die Kosten für einen Urlaub kannst du über das Spaß-Konto budgetieren oder einen eigenen Bereich dafür einrichten.

Eine Rücklage für Anschaffungen kann sehr wichtig werden, wenn die Waschmaschine irgendwann kaputtgeht, die Nachzahlung der Nebenkosten plötzlich auf dem Tisch liegt oder die Kosten für einen Umzug gestemmt werden müssen. Am besten überlegst du, welche Summe für einen bestimmten Zeitraum realistisch ist, zum Beispiel im Jahr 600 Euro. Entsprechend legst du dann zu Beginn jeden Monats 50 Euro beiseite.

Wenn du gleich am Monatsanfang alles verteilst, siehst du sofort, ob du dich noch im Rahmen bewegst. Tobias vergaß in seiner Studienzeit beispielsweise regelmäßig, dass er noch ein Rücklagenkonto hatte. Das Geld war ja nicht mehr auf seinem Hauptkonto, also versuchte er, mit dem auszukommen, was da war. Irgendwann fiel ihm dann auf: »Ach, da liegt ja auch noch was!« – und das war ein ziemlich gutes Gefühl. Aber statt dieses Geld einfach auszugeben, hatte er sich längst andere Gedanken gemacht, wie er mit dem vorhandenen Budget besser auskommen konnte.

Vermögen

Das Budgetprinzip kann dir auf Dauer auch helfen, ein Vermögen aufzubauen. Vielleicht betrifft dich das heute noch nicht, hab es aber auf alle Fälle schon mal im Hinterkopf.

Spätestens wenn du dein erstes eigenes Geld verdienst, kannst du deine Budgets anpassen. Du weißt dann aber, dass du bislang mit beispielsweise 1.200 Euro gut ausgekommen bist. Also kannst du ohne

Weiteres einen Großteil deines neuen, zusätzlichen Einkommens sparen und in Aktien, ETFs, Nachhaltigkeitsfonds oder was auch immer anlegen. Du hast es ja bisher auch nicht gebraucht, also lass es wachsen!

Im Laufe deines Berufslebens bekommst du vermutlich immer wieder eine Einkommenserhöhung oder machst als Unternehmer Gewinn. Du musst jetzt natürlich nicht freudlos oder wie ein Mönch durchs Leben gehen. Feier deine Erfolge!

Aber jeweils die Hälfte dieser Steigerungen kannst du doch eigentlich trotzdem problemlos in dein Vermögen stecken und wachsen lassen. Damit bezahlst du dein »künftiges Ich« und wenn du das regelmäßig machst, staunst du irgendwann selbst, wie entspannt sich deine finanzielle Lage anfühlt.

Beispielübersicht für Budgetplanung

Einnahmen	
Ausbildungsunterhalt (Eltern)	750,00
Kindergeld	255,00
Ausbildungsvergütung	0
BAföG	0
Stipendium	0
Nebenjob (Nachhilfe geben)	300,00
	1.305,00
Wohnkosten	
Miete	400,00
Nebenkosten	120,00
Strom	40,00
Internet/Telefon	15,00
Mobilfunkvertrag	20,00
	– 595,00
Lebenshaltungskosten	
Krankenversicherung	120,00
Weitere Versicherungen	24,00
Studiengebühren/Semesterbeitrag	54,00
Lebensmittel (Einkäufe, Kochbox, Mensa)	180,00

Drogerieartikel	30,00
Kleidung	60,00
Bücher/Ausbildungsmaterial	20,00
	– 488,00
Lifestyle-Kosten	
Auto/Mobilität	0
Rauchen	0
Entertainment-Abos	0
Fitness-Studio	0
Freizeitgestaltung/Vereinsbeiträge	0
	0,00
Sonstige Budgets	
Spaß (Kino, Feiern, Essen gehen, Konzerte)	80,00
Rücklagen (Anschaffungen, Nachzahlungen)	60,00
Urlaub	40,00
Vermögen	32,00
Spenden	10,00
	– 222,00
Rest	0,00

Schulden und Kredite

Das Gegenteil von Vermögen sind Schulden. Und die willst du nicht haben. Auch wenn sie von manchen als »Sondervermögen« bezeichnet werden.

Wenn du jemandem Geld schuldest, musst du es wieder zurückbezahlen und zusätzlich einen Zinsaufschlag. Je länger du zum Zurückzahlen brauchst, desto teurer wird es.

Banken räumen dir vielleicht einen Dispokredit ein oder geben eine Kreditkarte aus. Das suggeriert dir, dass du dir ja ruhig ein bisschen mehr leisten kannst. Wenn du dein Konto um 1.000 Euro überziehst, zahlst du bei einem typischen Dispozins von fast 12,8 Prozent nach einem Jahr 1.128 Euro zurück – nur damit du wieder bei null bist. Und das fühlt sich nicht gut an.

Konsumschulden und Investitionen

Ja, manche Schulden ergeben sogar Sinn – das sind dann Investitionen, die dir später Geld einbringen.

Das kann eine Druckmaschine sein, mit der eine Zeitung in den nächsten 20 Jahren Geld verdient. Oder eine Ausbildung, wenn dein künftiges Einkommen dadurch erheblich steigen wird. Oder eine preiswerte Eigentumswohnung in guter Lage, wenn du dadurch die Miete sparst und mit einem Wertzuwachs rechnen kannst.

Investitionsschulden sind okay, wenn dadurch wieder Geld zurückfließt: Produktverkäufe, höheres Gehalt, Mieteinnahmen. Je länger es dauert und je ungewisser es ist, ob das Geld wirklich zurückfließt, desto teurer werden die Zinsen.

Richtig schwierig wird's, wenn du dir Geld leihst, um deinen Lebensstandard zu halten – also für Miete, Einkäufe oder den nächsten Restaurantbesuch. Weder entstehen dadurch künftig höhere Einnahmen noch lernst du langfristig, dein Budget einzuhalten. Wenn es schon jetzt für 1.000 Euro nicht reicht, warum sollte es dann in einem Jahr für 1.128 Euro reichen?

Nimm also den Dispokredit am besten nie in Anspruch! Und wenn du eine Kreditkarte brauchst, beispielsweise für Mietwagen, Hotelbuchung oder Reisen, nimm eine Debitkarte. Dann machst du keine Schulden, sondern der Betrag wird sofort von deinem Konto abgebucht. Du kannst die Ausgabe nur tätigen, wenn genügend drauf ist, und so soll es sein.

Sind Null-Prozent-Angebote »No-brainer«?
Was ist aber mit den vielen Angeboten, die Bezahlung für Haushaltsgeräte, Möbel und Co. ohne Zinsbelastung auf mehrere Monate zu strecken?

Bei Möbeln, Waschmaschinen oder Smartphones entstehen dir zwar keine zusätzlichen Kosten für Zinsen, aber auch hier gilt: Es ist ein Kredit. Ohne Zinsen zwar, aber mit Vertrag, Papierkram und oft mit einem kleinen Haken im Kleingedruckten.

Und der Händler will die Gebühren natürlich auch wieder reinholen und macht dir bestimmt nicht den günstigsten Preis. Außerdem haben die Unternehmen als Gegenleistung deine Daten und können dir gezielt Werbung für weitere passende Konsumgüter schicken. Auch Banken nutzen Null-Prozent-Finanzierungen als Einstieg in weitere, kostenpflichtige Zinsangebote. Wer gern mal auf Pump kauft, macht das vielleicht irgendwann auch gegen Zinsgebühren.

Auch Oskar und Tobias haben schon zinslose Angebote in Anspruch genommen, beispielsweise bei teuren Laptops, die sie für die Videoproduktion brauchen. Durch die Ratenzahlung können sie die Last auf mehrere Monate verteilen und das freigewordene Kapital für andere Investitionen nutzen. Außerdem sind ihre technischen Geräte gegen alle möglichen Risiken versichert. Es kann also wenig passieren. Wenn du etwas wirklich brauchst, es beruflich nutzt und versichert bist – klar, dann spricht wenig dagegen.

Konsumausgaben bezahlen sie aber lieber gleich – oder noch besser aus einer Rücklage. Vorher monatlich ansparen und dann kaufen, wenn das Geld da ist, ist viel besser: Du hast ebenfalls monatliche Zahlungen, aber du sparst dir Verträge, Zinsen und Sorgen. Vor allem behältst du den Überblick. Denn Rückzahlungen und Zinszahlungen gehören natürlich auch in deine Budgetplanung.

Wenn du über Null-Prozent-Angebote nachdenkst, lies auf alle Fälle das Kleingedruckte. Da lauern gern mal versteckte Kosten und Fallen. Eine gute Informationsquelle hierzu ist die Website der Verbraucherzentrale.

HELFER UND BLUTSAUGER

Bei der Verwaltung deiner Finanzen wollen viele mitspielen. Manche sind hilfreich, andere solltest du meiden. Deshalb geht's im Folgenden um Banken, Versicherungen und andere Dienstleister im Finanzmarkt. Und am Ende kommt noch das Unvermeidliche: das Finanzamt.

Banking und Konten

Wir raten dir natürlich nicht zu einer ganz bestimmten Bank. Dafür ist das Angebot auch viel zu groß. Einige grundlegende Gedanken haben wir dazu aber natürlich trotzdem.

Als Tobias 1995 eine Bank für die junge Familie suchte, entschied er sich für die Advance Bank – wir nennen diesen Namen, weil die Bank seit 2003 nicht mehr existiert. Das Besondere war, dass sie damals als einzige Bank kostenlose Unterkonten anbot. Und damit konnte Tobias das Budgetmodell perfekt abbilden. Er schob zu Monatsbeginn die Beträge auf die Unterkonten »Wohnen«, »Haushalt«, »Urlaub« und so weiter – und wusste damit auf einen Blick, wie viel wofür übrig war.

Wir haben mit dem Unterkontenmodell sehr gute Erfahrungen gemacht und inzwischen bietet eine ganze

Reihe von Banken so etwas an. Durch Online-Banking und eine teilweise auch von KI unterstützte Zuordnung der Ausgaben ist das Budgetieren heute noch viel einfacher. Dennoch macht es Sinn und Spaß, wenn du regelmäßig selbst durch die Kontoauszüge streifst und dir einen Eindruck von deinen Finanzen machst.

Es gibt Finanzverwaltungs-Apps, die dir einen Überblick über Konten bei verschiedenen Banken verschaffen. Sie helfen dir auch dabei, deine Geldanlagen, Verträge und regelmäßigen Verpflichtungen zu kontrollieren. Aber: Du gibst mit deinen Anmeldedaten für die jeweiligen Konten auch sehr sensible Informationen aus der Hand.

Und das ist logischerweise der zweite wichtige Rat, den wir dir mitgeben: Nutze alle angebotenen Sicherheitsmaßnahmen für deine Online-Finanzen – beispielsweise die Zwei-Faktor-Authentifizierung. Klar, es nervt, wenn du fünf Codes und zwei Apps brauchst, um mal eben Geld zu überweisen. Aber genau das hält die Leute draußen, die dein Konto plündern wollen.

Wenn du also einer Finanzassistenz-App den Zugriff auf alle deine Geldbewegungen erlaubst, darf das nicht dazu führen, dass diese Sicherheitsstufe ausgehebelt wird. Sollte ein Hacker dort in den Besitz deiner Daten kommen, muss es immer noch eine Sicherheit geben, dass nur du selbst aktiv Geld von deinen Konten verschieben kannst.

Versicherungen

Vorhin haben wir schon über die Kranken- und Pflegeversicherung gesprochen, die jeder Mensch haben muss. Aber welche weiteren Versicherungen sind für dich wirklich sinnvoll?

Versichern heißt: Du zahlst für den Fall, dass etwas passiert – in der Hoffnung, dass genau das nie eintritt. Ein bisschen wie eine Wette gegen das Schicksal.

Nimm beispielsweise an, dass jemand nach einem Unfall lange im Krankenhaus liegt. Die Folgen wären für jeden schmerzhaft, aber wirtschaftlich betrachtet gibt es Unterschiede. Für die Studierenden heißt ein Beinbruch: Prüfung verschieben. Für die alleinerziehende Ladenbesitzerin mit zwei Kindern bedeutet's: Totalausfall. Für sie ist eine Unfallversicherung mit hohem Krankenhaustagegeld existenziell, für die Studentin verzichtbar.

So kannst du bei jeder Versicherung für dich abschätzen, wie hoch das Risiko für dich ist, dass ein Fall wirklich eintritt, und wie schlimm das dann wäre.

Makler, Agenturen oder Check24

Dank Internet und Suchmaschinen ist es heute ja ganz einfach, sich einen Überblick über Versicherungsangebote zu verschaffen. An dieser Stelle möchten wir aber auch eine Lanze für lokale Versicherungsagenturen brechen.

Wenn du dir im Internet alles selbst zusammensuchst, kann es beispielsweise vorkommen, dass dir im Kleingedruckten etwas entgeht oder dass du Risiken gleich mehrfach absicherst. Eine Gepäck- oder Auslandskrankenversicherung kann möglicherweise bereits in deinem Kreditkartenvertrag enthalten sein. Oder durch die Kombination von mehreren Versicherungen könnte es ein günstigeres Angebot geben.

Auch wenn Agenturen an deinem Abschluss mitverdienen – sie können dir viel Recherche ersparen und dir helfen, Fehler zu vermeiden. Und auch ein Makler oder eine Agentur kann – im Gegensatz zum Versicherungsvertreter – aus den Angeboten mehrerer Versicherungen und Banken für dich das richtige auswählen. Außerdem hast du einen persönlichen Ansprechpartner, falls mal was passiert.

Das ist auch der Grund, warum es sinnvoll sein kann, sein Konto bei einer regionalen Bank zu haben. Vielleicht möchtest du ja später mal ein Darlehen für eine Wohnung. Auch wenn die Spielräume für individuelle Gestaltung zunehmend kleiner werden, ist es einfach gut, wenn du jemanden anrufen kannst, der dich kennt – und nicht nur deine Kontonummer.

Private Haftpflicht

Falls du nicht mehr über deine Eltern mitversichert bist, brauchst du auf alle Fälle eine private Haftpflichtversicherung. Durch Unachtsamkeit oder dumme Zufälle kannst du hohe Schäden verursachen und bist dann für die Folgekosten voll verantwortlich. Das kann ein Glas Rotwein sein, das auf den teuren Teppich deiner Freunde kippt. Oder ein Aquarium, das du beim Zurückrücken des Stuhles versehentlich zum Zerbersten bringst. (Wäre das nicht Tobias mal passiert, würden wir es nicht schreiben – und es war kein Goldfischglas …).

Auch ein verlorener Haustürschlüssel, der eine komplette neue Schließanlage nötig macht, verursacht einen hohen Schaden, den eine Privathaftpflicht abdecken kann. Aber lies auch hier immer das Kleingedruckte, damit die für dich relevanten Fälle auch wirklich eingeschlossen sind.

Hausratversicherung
Ob sich eine Hausratversicherung für dich lohnt, hängt davon ab, was du zu verlieren hast. Wenn du mit Laptop, Bike und ein paar Basics lebst – eher nicht. Wenn du hochwertige Möbel oder Technik besitzt – denk darüber nach, deren Wert zu versichern.

Denn dann bekommst du Ersatz, falls etwas durch Feuer, Leitungswasser, Sturm, Hagel, Einbruchdiebstahl, Raub oder Vandalismus zerstört, geklaut oder beschädigt wird. Je nach Versicherungsbausteinen sind auch Fahrraddiebstahl, Schäden an Glas (Fenster, Kochfeld) oder Schäden durch Überschwemmung versichert. Auch hier lohnt es sich, genau zu studieren, ob wirklich die Dinge versichert sind, die für dich zutreffen.

Auslandskrankenversicherung
Oskars Bekannte hatte bei einer USA-Reise einen Unfall und musste mehrere Tage im Krankenhaus untersucht und behandelt werden. Die Kosten lagen bei rund 30.000 Dollar. In Deutschland hätte das die Krankenversicherung bezahlt, aber im Ausland musst du diesen Betrag möglicherweise komplett allein stemmen.

Deshalb ist eine Auslandskrankenversicherung für solche Reisen absolut empfehlenswert – und so eine Versicherung kostet oft weniger als ein Kinobesuch.

Du kannst einzelne Reisen versichern oder einen Jahresvertrag abschließen, der dann eine bestimmte Anzahl an Reisetagen abdeckt.

Zahnzusatzversicherung

Zahnprobleme sind nicht nur schmerzhaft, sondern auch teuer. Und die gesetzliche Kasse zahlt oft nur das absolute Minimum.

Wenn du Kronen, Brücken oder Zahnersatz brauchst oder eine hochwertigere Füllung möchtest, musst du die Kosten teilweise oder vollständig selbst tragen. Auch eine professionelle Zahnreinigung bezahlen die meisten gesetzlichen Kassen nicht.

Deshalb gibt es Zusatzversicherungen, die solche Kosten übernehmen. Für Auszubildende und Studierende gibt es günstige Angebote, sogar unter 10 Euro im Monat. Wichtig ist, dass du nicht bereits Schäden hast, denn die musst du bei der Gesundheitsprüfung angeben und dann wird es teurer. Oder du kannst bestimmte Leistungen gar nicht mehr bekommen.

Je früher du mit gesunden Zähnen in eine Zusatzversicherung einsteigst, desto günstiger ist sie. Und du hast dann vor allem auch später, wenn die ersten Kronen, Brücken und Implantate kommen, einen besseren Schutz vor den unerwartet hohen Ausgaben.

Private Zusatzversicherung

Wenn du nicht nur für die Zähne, sondern insgesamt einen umfassenderen Versicherungsschutz möchtest, als ihn die gesetzliche Krankenversicherung bietet, kannst du dir mit einer privaten Zusatzversicherung zusätzliche Leistungen »einkaufen«.

Neben der besseren Zahnversorgung können das Kosten für Heilpraktiker, Sehhilfen oder bestimmte Vorsorgeuntersuchungen sein, die du sonst selbst bezahlen müsstest.

Tobias zum Beispiel setzt bei leichten und mittleren Beschwerden auf alternative Heilmethoden, mit denen er gute Erfahrungen gemacht hat. Deshalb zahlt er lieber für eine private Krankenversicherung, die genau das abdeckt, was ihm wichtig ist. Viele Medikamente, die die gesetzliche Kasse übernehmen würde, möchte er ohnehin nicht nehmen – Heilpraktikerleistungen dagegen schon.

Auch für Impfungen, Krebsfrüherkennung oder andere Vorsorgeuntersuchungen kann eine private Krankenversicherung oder Zusatzversicherung sinnvoll sein. Ob das für dich so ist, hängt davon ab, was du brauchst – und was du auszugeben bereit bist. Oder ob du lieber wartest, bis es im Rücken zwickt und der Masseur 80 Euro kostet.

Weitere Versicherungen

Mit einem erweiterten Gesundheitsschutz, der privaten Haftpflicht und vielleicht einer Hausratversicherung bist du normalerweise gut versorgt. Solange du nicht mit deinem Einkommen auch für andere sorgen musst.

Spätestens wenn du Kinder hast, kommen – neben viel Freude und Lebensglück – neue Sorgen und Verantwortungen dazu, für die es dann jede Menge Versicherungen gibt.

Tobias sicherte seine Familie bis zum Ende der Ausbildungszeit unter anderem mit einer Lebens-, einer Unfall- und einer sogenannten Schwere-Krankheiten-Versicherung ab. Für die meisten Angestellten hilft schon eine Berufsunfähigkeitsversicherung. Aber für Freigeister wie Oskar und Tobias gelten deren Bedingungen nicht, da der Beruf nicht eindeutig zu definieren ist. Ein Buch kann man ja schließlich immer noch schreiben …

Steuern

Erst oberhalb eines Grundfreibetrags von derzeit 12.096 Euro – ab 2026 sind es 12.348 Euro – fällt überhaupt Lohn- oder Einkommensteuer für dich an.

Aber selbst wenn du nur ein geringes Ausbildungsgehalt hast oder im Studium kaum etwas dazu verdienst, ist ein erster Blick auf das Thema Steuern auf alle Fälle sinnvoll. Wenn du das Prinzip jetzt schon verstehst, kann dir das in wenigen Jahren Vorteile bringen.

Oskar und Tobias mussten als Selbstständige bzw. Unternehmer ohnehin alle Spielregeln von Anfang an kennen. Ob uns das auf Anhieb gelungen ist? Natürlich nicht. Aber genau deshalb wissen wir, wie wichtig es ist, sich früh mit dem Thema zu beschäftigen.

Bevor wir beginnen, kommt der obligatorische Hinweis: Wir sind keine Steuerberater und geben nur allgemeine Hinweise, die möglicherweise überholt, falsch oder für dich nicht zutreffend und keinesfalls rechtsverbindlich sind …

Von der Steuer absetzen

Sobald du über dem steuerfreien Einkommen liegst, willst du natürlich keinen Cent mehr zahlen als nötig. Das heißt vor allem: Du möchtest alle Ausgaben geltend machen, die dein Einkommen schmälern – und damit deine Steuerlast.

Alle, die (auch schon während des Studiums oder während der Ausbildung) ein Unternehmen betreiben oder selbstständig Geld verdienen, machen dafür erst einmal eine Einnahmen-Überschuss-Rechnung: Du notierst alles, was du eingenommen hast, ziehst davon deine beruflich bedingten Ausgaben ab – und der Rest ist dein Überschuss oder Gewinn. Der ist dann die Grundlage für deine Steuererklärung.

Entscheidend ist der Gedanke, dass die Kosten für alles, was du unternimmst, um Geld zu verdienen, von deinen Einnahmen abgezogen werden. Du kannst also die Reise nach Düsseldorf und die Hotelkosten »von der Steuer absetzen«, wenn du dort ein Video drehst, das nur dort gedreht werden kann. Beispielsweise, weil die Firma, die dich dafür gebucht hat, eben dort ihren Firmensitz hat.

Schwieriger wird es, wenn du etwas kaufst, das du auch privat nutzen könntest. Wenn ich bei der Arbeit Alltagskleidung trage, könnte ich die ja auch privat anziehen. Wenn ich für ein Video mein Wohnzimmer als Kulisse verwende, wohne ich ja auch sonst darin. Hier ist eine Grauzone, die aber für die meisten von euch keine Rolle spielt.

Das Beste: Dieses Prinzip gilt nicht nur für Selbstständige, sondern auch für Angestellte. Wenn dich deine Arbeit etwas kostet, kannst du diese Kosten in der Steuererklärung abziehen, sofern sie über der sogenannten Werbungskostenpauschale von 1.230 Euro (Stand: 2025) liegen.

Was brauchst du alles für deinen Job? Naja, beispielsweise Fachbücher, Büromaterial, Fortbildungen – und natürlich musst du dort hinkommen, hast also Fahrtkosten. Auch wenn du zu einem Vorstellungsgespräch fährst oder für Arbeit, Ausbildung oder Studium umziehst, kannst du teilweise dafür was von deinem Einkommen abziehen.

Was viele vergessen: Auch was du »absetzen« kannst, musst du erst mal bezahlen. Und du bekommst auch nicht alles zurück, sondern zahlst nur weniger Steuern. Wenn du kaum Steuern zahlst, hast du also gar nichts davon.

Aber – und jetzt wird es auch für Studierende und Auszubildende interessant – wenn du in drei oder vier Jahren mal viel Geld verdienst, dann kannst du mit dem Umzug, den Studiengebühren, dem Laptop und den Fortbildungskosten von heute auch dann noch dein Einkommen schmälern und Steuern sparen.

Sonderausgaben

Neben den Werbungskosten kannst du auch sogenannte Sonderausgaben geltend machen – zum Beispiel Beiträge zur gesetzlichen oder privaten Krankenversicherung, zu deiner Altersvorsorge oder für private Zusatzversicherungen. Auch Spenden, Lebensversicherungen, Berufsunfähigkeitsversicherungen und sogar die Kirchensteuer zählen dazu.

Es lohnt sich also vielleicht doch, Aufzeichnungen zu machen und Belege zu sammeln. Spätestens wenn du dann Großverdienerin oder Großverdiener bist und deine Steuererklärung – bis zu vier Jahre rückwirkend! – machst.

Freibeträge nutzen

Sobald du Steuern bezahlst, lohnt es sich ohnehin, über eine Steuererklärung nachzudenken. Auch wenn du dazu nicht verpflichtet bist, beispielsweise mit einem Ausbildungsgehalt. Eine Steuererklärung kostet nicht allzu viel Zeit, du lernst das Prinzip kennen und wenn du alle Freibeträge und Pauschalen nutzt, kann es gut sein, dass dir das Finanzamt wieder Geld zurücküberweist. Und bei dir ist es doch bestimmt besser aufgehoben, oder?

Steuern als Unternehmer

Wenn du neben Ausbildung oder Studium mit einer selbstständigen Tätigkeit Geld verdienst oder ein Start-up gründest, musst du sowieso eine Steuererklärung machen. Auch wenn das nur so »nebenher« ist. Das Finanzamt will nachvollziehen können, wie viel Geld du insgesamt einnimmst – auch neben Ausbildung oder Studium.

Und, während das Finanzamt deine Lohnabrechnung für den festen Job sowieso kennt, könntest du bei einer selbstständigen Tätigkeit zu viel »mauscheln«.

Weil das nur für einen Teil von euch relevant ist, fassen wir uns hier kurz – aber ein paar grundsätzliche Hinweise gibt's trotzdem.

- Richte am besten ein eigenes Konto für deine selbstständigen Tätigkeiten ein, über das ausschließlich Einnahmen und Ausgaben laufen, die etwas mit dieser Tätigkeit zu tun haben. Hast du mehrere Feuer im Eisen, hast du auch am besten mehrere Konten.
- Du musst alle Einnahmen und Ausgaben belegen können. Schreibe formal korrekte Rechnungen und sammle für deine Ausgaben Kontoauszüge und Belege. Du musst das alles auch einige Jahre aufbewahren, am besten nicht im feuchten Keller.
- Je erfolgreicher du wirst, desto mehr Steuerarten kommen hinzu: Einkommenssteuer, Umsatzsteuer und Gewerbesteuer sind Begriffe, mit denen du dich auseinandersetzen musst.

- Je nach deinem Betätigungsfeld bist du verpflichtet, in der IHK, der HWK oder einer deiner Tätigkeit entsprechenden Kammer Mitglied zu werden. Die wollen einen Jahresbeitrag von dir. Oskars Gesicht verfärbte sich etwas, als er zum ersten Mal einen IHK-Bescheid in der Hand hielt.
- Für viele Unternehmer gibt es auch eine Zwangsmitgliedschaft in einer Berufsgenossenschaft, über die eine gesetzliche Unfallversicherung abgeschlossen wird. Spätestens wenn du Angestellte hast, musst du dich dann professionell mit dem Thema befassen.

Um diesem Thema dennoch einen versöhnlichen Abschluss zu geben, möchten wir den leider inzwischen verstorbenen langjährigen Steuerberater von Tobias zitieren: »Wenn Sie viel Steuern zahlen müssen, dann haben Sie auch gut verdient.«

Ein einigermaßen tröstlicher Gedanke, oder?

Deine Take-aways aus Kapitel 3

- Verschaffe dir einen realistischen Überblick über Einnahmen und Ausgaben und setze dir klare Budgets für die einzelnen Bereiche.
- Teile dein Geld bereits am Monatsanfang über Unterkonten oder Umschläge auf die einzelnen Budgetbereiche auf. So kommst du gut über den Monat.
- Feiern, Streaming, Klamotten oder Zigaretten können schnell aus dem Ruder laufen. Frag dich: Brauche ich das wirklich – oder will ich nur »dazugehören«?
- Dispo, Kreditkarten und Konsumfinanzierungen sind teuer und gefährlich. Ausnahme: Investitionen in Ausbildung, Arbeitsgeräte oder eine sinnvolle Anschaffung, die dir später etwas einbringt.
- Versicherungen: Wichtig sind vor allem Haftpflicht und Krankenversicherung; alles andere hängt von deinem Lebensstil ab. Eine Auslandskrankenversicherung lohnt sich bei Reisen unbedingt.
- Ausgaben für Studium, Umzug oder Fortbildungen können auch noch Jahre später deine Steuerlast senken. Belege sammeln lohnt sich – bis zu vier Jahre rückwirkend.
- Wenn du Gehaltserhöhungen oder Geldgeschenke bekommst, steck einen Teil davon direkt ins Sparen oder Anlegen. Dein künftiges Ich wird's dir danken.

04.

BERUFUNG MIT VERDIENST

Ein bekannter Grundsatz für Erfolg lautet: »Verdienen kommt von Dienen.« Zugegeben, das klingt nicht gerade sexy – aber dahinter steckt eine Wahrheit, die uns in den Themen dieses Kapitels immer wieder begegnen wird. Bei Beruf, Karriere, Bewerbung und Gehaltsverhandlung kommt es immer wieder auf zwei Hauptfragen zurück: »Zu was bin ich berufen?« und »Wem und mit was kann ich dienen?«

Ja, weder Oskar noch Tobias waren jemals in einem Anstellungsverhältnis. Oskar produziert und moderiert Videos und Tobias hat gleich eine ganze Fußballmannschaft von beruflichen Standbeinen. Was beide jedoch jede Woche, wenn nicht jeden Tag machen: sich Gedanken darüber, mit welchem Angebot sie anderen einen Dienst erweisen können, der dann einen »Verdienst« rechtfertigt.

Und auch wenn du erst in der Ausbildung oder am Beginn eines Studiums steckst, können die Gedanken, die wir dir in diesem Kapitel mit auf den Weg geben wollen, unabhängig von deiner Berufswahl hoffentlich wertvoll sein.

Tobias hat nebenbei auch als Arbeitgeber schon Bewerbungen gesichtet und andere eingestellt – ein Perspektivenwechsel, der ihn persönlich sehr bereichert hat. Wie immer bekommst also du hier unsere ganz persönliche Sichtweise – und vielleicht ein paar Inspirationen, die dich weiterbringen.

DEINE BERUFUNG

»Was will ich werden, wenn ich groß bin?« – klar, die Frage hast du dir vermutlich als Kind gestellt. Aber in veränderter Form stellt sie sich im Leben immer wieder. Welche Prüfungsfächer wähle ich in der Schule? Für welche Ausbildung oder welches Studium entscheide ich mich? Und auch danach – immer wieder neu.

Denn früher blieben viele Menschen jahrzehntelang im selben Job – heute ist es ganz normal, den Beruf oder zumindest den Arbeitsplatz mehrfach zu wechseln.

Statistisch betrachtet sind es im Schnitt etwa vier bis fünf Arbeitsstellen, die du in deinem Berufsleben haben wirst. Und jedes Mal stellt sich die Frage: »Was will ich machen?« Oder etwas pathetischer: »Zu was bin ich berufen?«

Wenn du selbstständig oder unternehmerisch tätig bist, stellt sich diese Frage umso öfter. Bei jedem neuen Produkt, bei jeder neuen Entwicklung entscheidest du, in welche Richtung es mit deiner Firma weitergeht – und damit häufig auch mit deinem ganzen Leben.

Was kann ich gut?

Eine Betrachtungsweise, die wir selbst immer wieder als hilfreich erlebt haben, ist das Dreieck aus Können, Freude und Nutzen. Wenn dich eine Tätigkeit langfristig erfüllt, dann hat sie vermutlich das Potenzial, diese drei Bereiche für dich ganz persönlich in Einklang zu bringen. Und dass wir jetzt mit dem Können anfangen, hat seinen Sinn. Darum ging's in der Schule. Darum geht's jetzt – in Ausbildung, Studium, Beruf. Und ganz sicher auch in Zukunft, gerade im Zeitalter von KI und raschem Wandel.

Ganz wichtig: Wenn du darüber nachdenkst, was du gut kannst, lass mal Berufe und Studienfächer außen vor. Es ist zunächst unwichtig, ob sich damit »Geld verdienen« lässt. Dem Thema »Beruf« widmen wir uns später noch. Jetzt geht es zuerst darum, was du alles so draufhast. Und es spielt auch zunächst keine Rolle, ob du darin überdurchschnittlich gut bist. Gut ist erst mal gut genug.

Nimm dir also ein paar Minuten und schreib eine Liste von Tätigkeiten auf, die du gut kannst. Das sollten im Normalfall Verben sein und sie sollten möglichst genau definiert sein, also »anderen zuhören, wenn sie Sorgen haben«, »aus Kühlschrankresten ein leckeres Essen zaubern« oder »lange Strecken ohne

Pinkelpause Auto fahren«. Denn oft sind es gerade diese kleinen Alltagsfähigkeiten, die später im Beruf den Unterschied machen. Und natürlich können auch berufsrelevante Tätigkeiten wie »komplizierte mathematische Gleichungen blitzschnell im Kopf lösen« dabei sein.

Es lohnt sich, darüber mal 15 bis 30 Minuten nachzudenken. Wo findest du in deinem Alltag oder deiner Freizeit überall Dinge, die du gut kannst? Und – ganz wichtig – frage ein paar vertraute Menschen: »Was würdest du sagen, was kann ich wirklich gut?«, und ergänze damit deine Liste.

Talentiert oder gefördert?

Das Spannende bei den Fähigkeiten ist: Für manches, was du gut kannst, bist du gar nicht besonders begabt. Möglicherweise magst du es nicht mal besonders.

Vielleicht haben dich deine Eltern zu etwas ermutigt, das sie selbst gern im Leben verwirklicht hätten. Dann hast du darin besondere Unterstützung bekommen und kannst jetzt ganz gut Geige spielen.

Manchmal muss man sich bestimmte Fähigkeiten auch aus der Not heraus aneignen – als Antwort auf schwierige Situationen: Ein Kind, das mit einem alkoholabhängigen Elternteil aufwächst, entwickelt dann beispielsweise die Fähigkeit, sehr genau die Stimmung seines Gegenübers zu erspüren.

Und wenn deine Eltern dich finanziell immer eher knappgehalten haben, kannst du vielleicht aus allem Geld machen.

Es gibt sogar Fähigkeiten, die du fast aus Zufall perfektioniert hast: Studien fanden heraus, dass überdurchschnittlich viele Sportler, die im Januar geboren sind, erfolgreich werden. Warum? Sie waren immer ein paar Monate älter und dadurch größer und schneller als die Mitspieler aus dem gleichen Jahrgang. Deshalb wurden sie als »begabte Sportler« besonders gefördert. Verrückt, oder?

Was fällt mir leicht?

Deine Talente und Begabungen waren dagegen immer schon da. Du erkennst sie oft daran, dass sie mühelos sind und dir auf den ersten Blick gar nicht richtig auffallen. Gerade Dinge, die uns leichtfallen, erkennen wir manchmal gar nicht als Fähigkeiten an. »Hat doch gar nicht weh getan.« »Konnte ich schon immer.« Aber genau das ist der Stoff, aus dem Karrieren sind.

Beim Klassentreffen erzählten Tobias' alte Mitschülerinnen und Mitschüler: »War doch klar, dass du mal ins Entertainment gehst – du hast schon als Kind immer alles organisiert und die Leute unterhalten.« Da war Tobias sieben, acht Jahre alt …

Wenn du deine Liste der Fähigkeiten also mit Talenten ergänzen willst, frag am besten Menschen, die dich schon sehr lange kennen. Deine Großeltern, Eltern oder Geschwister können dir bestimmt ein paar Dinge nennen, die ihnen schon bei deinem »fünfjährigen Ich« besonders aufgefallen sind.

Was mache ich gern?

Vielleicht wunderst du dich, dass das Wort »Geld« in diesem Kapitel bislang noch keine Rolle gespielt hat. Wir sind überzeugt, dass Geld zwar sehr wichtig ist, aber aus gutem Grund erst ganz am Schluss der Überlegungen kommen soll.

Vorher lohnt sich der Blick auf die Frage, welche Tätigkeiten dich mit Freude erfüllen. Du kommst dabei vielleicht in eine Art Flow-Zustand oder dir wird ganz warm ums Herz. Das kann Musizieren sein, aber andere lieben es, Feste zu planen oder ihr Zimmer aufzuräumen.

Interessant ist auch: Was genau macht dir eigentlich Freude? Ist es das Ergebnis (»ordentliches Zimmer«), der Weg dorthin (»aufräumen«) oder das Gefühl, wenn sich andere über das Ergebnis freuen?

Und hinter solchen Fragen stecken oft große Begriffe wie »Werte« oder »Lebenssinn«. Denn Freude spüren wir meist dann, wenn das, was wir tun, auch für uns Sinn ergibt und im Einklang mit unseren Werten ist.

»Ich könnte stundenlang Kindern die Bäume und Pflanzen im Wald zeigen «, sagt nur jemand, für den Naturverbundenheit, Entwicklung und Neugier eine wichtige Rolle spielen. Wer »für sein Leben gern« elektronische Geräte repariert, denkt offenbar nachhaltig, ist aber auch für technische Entwicklungen aufgeschlossen.

Wem nutze ich damit?

Wenn du nun aufgelistet hast, was du gut kannst (sei es erworben oder »in die Wiege gelegt«) und was du gern tust, stellt sich endlich die Frage, wie du damit Geld verdienen kannst. Und damit schließt sich der Kreis zu unserer Überschrift.

Viele glauben, sie bekommen Geld, weil sie acht Stunden irgendwo anwesend sind. Aber das stimmt nicht. Du bekommst Geld für den Nutzen, den du bringst.

Das kann auch ganz einfach »Unterhaltung« sein – du bringst andere zum Lachen, dann wirst du vielleicht Comedian oder Comedienne. Oder du übernimmst die Kommunikation und Organisation für andere, so dass diese Zeit für ihre eigenen Aufgaben haben.

Fähigkeiten allein reichen nicht. Erst wenn du sie in den Dienst anderer stellst, entsteht daraus ein echter Mehrwert – und damit ein Verdienst.

Also ist die letzte wichtige Frage: Was von den Dingen, die du beherrschst und die dir idealerweise leichtfallen, kann anderen Menschen einen Nutzen bringen? Die Antwort auf diese Frage ist die Basis für deinen Beruf oder deine Berufung, deine Start-up-Idee oder ganz einfach einen gut gewählten Job.

Wem möchte ich »dienen«?

Im Grunde ist im Berufsleben jeder einer bestimmten Gruppe »zu Diensten« – und das sind dann seine Kunden. Als Lehrerin beispielsweise sind Kinder und deren Eltern deine Kunden. Als Buchhändler sind es Menschen, die Bücher lesen. Und als Politikerin oder Politiker sind alle, die deine Stadt oder dein Land bewohnen, deine Kundinnen und Kunden – jedenfalls idealtypisch.

Diese Menschen wirst du täglich sehen, jeden Tag mit ihnen zusammenarbeiten und dich für ihre Wünsche interessieren müssen. Vielleicht hast du eine Chefin oder einen Chef, die dir scheinbar sagen, was du zu tun hast. Dann verdienst du dein Gehalt, weil du deren Kunden in deren Auftrag nützlich bist.

Magst du deine Kunden nicht, wird's auf Dauer zäh. Nützen deine Fähigkeiten niemandem, ebenfalls. Je größer der Nutzen ist – und je weniger andere in der Lage sind, ihn zu liefern –, desto größer kann (nicht muss) der Verdienst sein. Wir kommen darauf im Kapitel »Gehaltsverhandlung« noch mal zurück. Versprochen!

Über den Tellerrand schauen

Du weißt nun eine ganze Menge über deine Fähigkeiten, Talente und Werte. In einer Ausbildung oder einem Studium erwirbst du vor allem noch mehr Skills und übst die vorhandenen. An deinen Talenten ändert sich dadurch eigentlich gar nicht so viel.

Deshalb lohnt es sich, nicht zu schnell ein Label auf die Tätigkeiten zu kleben und in bestimmten Berufsbildern zu denken – Erzieher, Ingenieur, Rechtsanwalt, Fliesenleger –, sondern weiterhin in Qualifikationen und Fähigkeiten.

Zum einen lassen sich mit denselben Talenten und Neigungen sehr unterschiedliche Berufe ausüben. Als kommunikativer Typ kannst du beispielsweise sowohl in einem Pflegeberuf als auch im Marketing glücklich werden. Andererseits kannst du mit einem bestimmten Berufsabschluss hinterher auch ganz unterschiedliche Tätigkeiten ausüben.

Tobias hat beispielsweise Musik studiert und dann als künstlerischen Aufbaustudiengang noch einen Abschluss als Dirigent gemacht. Ein Dirigent muss Projekte planen können, er leitet Proben und muss sich vor einer Gruppe von 50 und mehr Menschen präzise ausdrücken. Er beherrscht Körpersprache und Mimik, führt und entwickelt die Orchestermusiker – und nicht zuletzt muss er komplexe Orchesterpartituren (Fachliteratur) lesen, verstehen und vermitteln können.

Insofern hat Tobias Qualifikationen, die auch für einen Geschäftsführer, einen HR-Manager oder einen Schauspieler interessant sein können. Du kannst also ruhig etwas »out of the box« denken, wenn es um deine konkrete Berufswahl geht. Sehr viele Menschen machen später etwas ganz anderes, als sie studiert oder in ihrer Ausbildung gelernt haben.

Eine entfernte Großtante von Oskar sagte mal: »Es ist eigentlich egal, was du studierst oder lernst. Wer in einer Sache wirkliche Meisterschaft erlangt, kann dieses Können auf viele andere Bereiche übertragen.« Interessanter Gedanke, oder?

Die Leiter an der falschen Wand

Oskar wollte schon als 12-Jähriger gern Influencer werden und leistete neben der Schule eine ganze Menge dafür. Als er dann wirklich erfolgreich auf YouTube wurde, war er überrascht, wie unangenehm es ihm war, ständig sein Leben zu filmen.

Tobias träumte mit 40 Jahren von einer Karriere als Comedian. Aber erst, als er sich wirklich einmal mit erfolgreichen Comedians auseinandersetzte, fiel ihm auf, dass er eines überhaupt nicht leiden konnte: Abend für Abend immer das gleiche Programm zu spielen. Und das ist nun mal die Voraussetzung für eine erfolgreiche Karriere als Comedian.

Das ist das Risiko: Manchmal merkt man erst spät, wie der Traumberuf im Wachzustand aussieht. Und dann hat man schon viele Jahre lang darauf hingearbeitet, um darin erfolgreich zu sein. Oder um es in einem anderen Bild auszudrücken: Manche sind die Leiter schon sehr weit hochgeklettert, wenn sie merken, dass diese an der falschen Wand steht.

Probieren geht über Studieren

Wie überprüft man also rechtzeitig, ob man auf dem richtigen Weg ist? Zum einen natürlich, indem man alle möglichen Informationen über ein Berufsfeld sammelt.

Wenn du irgendwann mal richtig gut und erfolgreich sein willst, dann sprich mit Menschen, die richtig gut und erfolgreich sind: Was machen sie den ganzen Tag? Was hat sich anders entwickelt, als sie ursprünglich dachten? Welche Schritte oder Ausbildungen würden sie dir als Abkürzung dorthin empfehlen?

Die meisten erfolgreichen Menschen freuen sich, wenn man sich für sie und ihren Weg interessiert. Und dir hilft das, eine klarere Vorstellung zu entwickeln. Bei einer Bergwanderung läufst du ja auch nicht einfach los, ohne vorher auf Wegweiser oder eine Karte zu schauen …

Praktika, Schnupperlehren oder ehrenamtliche Tätigkeiten sind ebenfalls gute Möglichkeiten, sich ein Bild zu machen. Auch wenn du einen Nebenjob während der Ausbildung oder des Studiums hast, kannst du dadurch wertvolle Erfahrungen sammeln. Du erfährst »am eigenen Leib« oder durch direkte Beobachtung, wie es ist, als Bäcker sehr früh aufzustehen, als Schauspielerin stundenlang am Set zu frieren oder in einem Architekturbüro den ganzen Tag am Schreibtisch zu sitzen.

Nach all diesen Vorüberlegungen kennst du also jetzt deine Talente, deine Fähigkeiten, weißt, was dir Freude bereitet, und wem du gern nützlich sein willst.

Das sind gute Voraussetzungen dafür, dass du eine Tätigkeit findest, die dir entspricht und mit der du anderen einen Dienst erweist. Ohne das Zweite verdienst du nicht viel, ohne das Erste geht es dir auf Dauer nicht gut damit.

BEWERBUNG UND VORSTELLUNG

Irgendwann wirst du dich um eine Stelle bewerben. Wie gut, dass du dir dann schon so viele Gedanken um deine Fähigkeiten, Talente und deinen Nutzen gemacht hast. Denn letztlich geht es jetzt genau darum. Bei einer Bewerbung willst du deine Stärken optimal darstellen und deinen künftigen Arbeitgebern zeigen, welchen Nutzen sie und ihre Kundinnen und Kunden von deiner Leistung haben werden.

Und auch als Selbstständiger, Freiberufler oder Unternehmer machst du das in gewisser Weise. Bei jedem Angebot, das du schreibst, und mit jeder Marketingkampagne – sei es für eines deiner Produkte oder deine eigene Marke – geht es um dieses Thema: Was möchtest du anbieten und was bringt das den anderen? Ersetze in den folgenden Abschnitten einfach »Arbeitgeber« durch »Kunde«, dann kannst du die meisten Gedanken übernehmen.

Drum prüfe, wer sich bindet

Stell dir vor, du bist Chefin oder Chef und willst jemanden einstellen. Das ist erst einmal ein aufwendiger Prozess, der eine Menge Geld und Zeit kostet. Dann müssen neue Mitarbeiter eingelernt werden, binden die Arbeitskraft anderer Mitarbeiter und machen vermutlich erst mal (hoffentlich nicht zu teure) Fehler. Dafür muss man auch noch ein Gehalt überweisen und zusätzlich die Sozialabgaben. Ob sich das Ganze am Ende rechnet, sieht das Unternehmen oft erst nach Monaten oder Jahren.

Wenn du als Unternehmer einen Glücksgriff landest, können dir neue Mitarbeiter viel Freude und Umsatz bringen. Aber eine Fehlbesetzung ist ein ganz schön teurer Spaß …

Um das zu verhindern, werden deine Bewerbung als potenzielle Mitarbeiterin oder potenzieller Mitarbeiter, deine Präsentation im Bewerbungsgespräch und vielleicht sogar deine Persönlichkeit in einem ganztägigen Auswahlverfahren (Assessment-Center) genau unter die Lupe genommen.

Aber bei aller Prüferei: Wirklich sicher sein können sich die Arbeitgeber dennoch nicht, dass sie mit dir die richtige Wahl treffen. Sie brauchen immer auch Vertrauen. Aber wie entsteht das? Und was kannst du dafür tun?

Der Vertrauensbaum

Stell dir einen Apfelbaum vor mit Wurzeln, einem Stamm mit Ästen und mit Früchten. Ein Teil des Baumes ist sichtbar und über der Erdoberfläche, aber ein annähernd gleich großer Teil ist unsichtbar in der Erde verborgen.

Dieser Baum ist eine perfekte Analogie dafür, was für Vertrauen notwendig ist – in diesem Fall, wie sich ein potenzieller Arbeitgeber einen guten Eindruck von dir verschaffen kann.

Der sichtbare Teil sind deine Früchte, also deine Ergebnisse und Erfolge. An denen haben künftige Arbeitgeber letztlich am meisten Interesse.

Der Stamm wiederum macht plausibel, warum man immer wieder neue Früchte von dir erwarten kann. Das sind deine Fähigkeiten, die du beispielsweise durch Ausbildungen (Zeugnisse), die ehrenamtlichen Tätigkeiten und die Qualifikationen belegen kannst. Ergebnisse und Fähigkeiten sind sichtbare Zeugen deiner Kompetenz.

Aber was ist mit deinem Charakter? Der ist so unsichtbar wie die Wurzeln des Baumes. Und doch ist das unter der Erde Verborgene essenziell für den Baum: In welchem Boden ist er aufgewachsen? Ist er fest verwurzelt? Hat er genug Kraft, um dauerhaft die Blätter und Früchte mit Lebenssaft zu versorgen? Oder ist er schon unbemerkt krank und anfällig, so dass der nächste Sturm ihn umhaut?

Start with why

Die Wurzeln sind für das Vertrauen am allerwichtigsten. Sie begründen deinen Charakter, deine Integrität und deine Absicht. Oder vereinfacht gesagt: dein »Warum«.

In seinem berühmten TED Talk »Start with WHY« hat Simon Sinek diesen Gedanken ausführlich dargestellt: Wenn uns jemand sagt, was er für uns tun will (Früchte) und wie er es zu erreichen glaubt (Stamm), ist das schon wichtig. Aber erst, wenn wir auch wissen, warum er diese Mühe auf sich nimmt (Wurzeln), können wir ihm wirklich vertrauen.

Stell dir vor, eine Frau hat als Zwölfjährige miterlebt, wie ihr geliebter Opa, als er einen Herzinfarkt erlitt, von einem erfahrenen Notarzt gerettet wurde. Sie beschloss damals: »Wenn ich mal groß bin, will ich das auch können« – und studierte Medizin. Wäre das nicht eine glaubwürdige Motivation?

Auch wenn deine Begründung weniger dramatisch ist: Ein glaubwürdiges Motiv schafft sehr schnell Vertrauen, denn es versetzt uns im wahrsten Sinne des Wortes »in Bewegung«.

Um deine künftigen Arbeitgeber zu überzeugen, lohnt es sich also, dir Gedanken zu machen, warum du die Stelle eigentlich wirklich haben willst. »Ich brauch einen Job« ist eine Begründung. »Ich brauche Geld« auch. Nur keine, die Arbeitgeber wirklich interessiert.

Idealerweise willst du morgens aufstehen, um deine Stärken zu leben und damit den Kunden (und damit dem Unternehmen) nützlich zu sein.

Motivation

Motiv und Motivation kommen vom lateinischen Wort »bewegen«. Die Motivation, die dich im Inneren antreibt, wird auch als »intrinsische Motivation« bezeichnet. Sie ist die beste Voraussetzung dafür, dass du »gute Früchte« hervorbringen kannst und es dir auch noch Spaß macht, egal was im Außen geschieht. Ganz im Gegenteil zur »extrinsischen«, bei der jemand »von außen« beispielsweise durch Belohnungen oder Statussymbole motiviert wird.

Aber eigentlich gibt es im Grunde genommen gar keine extrinsische Motivation. Immer kannst du dich nur selbst in Bewegung versetzen. Der äußere Reiz verschafft dir lediglich kurzfristig einen Grund.

Für Arbeitgeber ist die intrinsische Motivation interessant. Denn wenn sie sich erst auf den Kopf stellen müssen, damit du dich in Bewegung setzt, wird das auf Dauer mühsam.

Welches Problem löst du?
Außer deiner Motivation interessiert Arbeitgeber natürlich, was sie davon haben, wenn du für sie tätig wirst. Also solltest du den Nutzen deiner Arbeit klar darstellen. Dafür musst du erst einmal wissen, für welches Problem das Unternehmen oder die Kunden sich eine Lösung von dir erhoffen.

Das steht im besten Fall in der Stellenausschreibung. Da finden sich aber häufig auch nur Tätigkeiten, geforderte Abschlüsse und Gemeinplätze wie »Wir erwarten Zuverlässigkeit, Leistungsbereitschaft und Teamfähigkeit.«

Besser ist, wenn du möglichst viel selbst über deinen möglichen Arbeitgeber herausfindest. Informationen dazu findest du auf der Homepage des Unternehmens, in Zeitungsartikeln oder natürlich, wenn du Mitarbeitende persönlich kennst und ansprechen kannst. Auch auf LinkedIn findest du oft Beiträge und Informationen.

Wenn du selbst genau verstehst, welche Rolle du im Gesamtgefüge spielen sollst, kannst du in der schriftlichen Bewerbung und im Gespräch überzeugend klarmachen, dass genau du dafür der oder die Richtige bist.

Und nebenbei gehört die Frage »Was wissen Sie über unser Unternehmen?« zu den Klassikern im Bewerbungsgespräch. Sei darauf vorbereitet.

Schriftliche Bewerbung

Wie eine optimale schriftliche Bewerbung aussieht, hat sich im Lauf der Jahre natürlich verändert. Während man früher eine umfangreiche Mappe per Post verschickte, stellst du heute gewöhnlich ein PDF zusammen, das du per E-Mail versendest. Oder du lädst deine Unterlagen und Schreiben für eine Online-Bewerbung auf einer Plattform hoch.

Nicht geändert hat sich, um was es im Kern in der schriftlichen Bewerbung geht: Du zeigst durch eine fehlerlose Form (Anrede, Rechtschreibung, Gestaltung, Vollständigkeit, Struktur), dass du ein Profi bist, der zuverlässig arbeitet.

Du machst deutlich, welchen Nutzen du liefern kannst, und kennst die Erwartungen an die angebotene Stelle.

Du beschreibst die Fähigkeiten, Stärken und Talente, die du dafür einsetzen kannst, und belegst sie durch Zeugnisse, Beispiele oder Erfahrungen.

Du zeigst Persönlichkeit und Charakter, beispielsweise durch einen kurzen, aber wichtigen Bezug zu deiner Lebensgeschichte.

Du machst deutlich, warum du hohe und dauerhafte Motivation für diese Tätigkeit aufbringen wirst.

Storytelling in der Bewerbung

Wenn du deine Stärken und Fähigkeiten beschreibst, verzichtest du am besten auf Substantiv- und Adjektiv-Orgien. Kurze Geschichten und Beispiele sagen viel mehr aus, beinhalten Emotionen und bleiben dadurch in Erinnerung.

Anstatt zu schreiben »Ich bin teamfähig« oder gar »Die von Ihnen erwartete Teamfähigkeit kann ich vollständig erfüllen«, wäre ein Beispiel dafür gut: Was genau ist für dich Teamfähigkeit und wie und wo hast du sie erlebt? Vielleicht bei der Freiwilligen Feuerwehr oder im Sport. Oder im Kulturteam deiner Schule, als alle in den monatlichen Feedbackrunden von den Erfahrungen der anderen profitiert haben.

Versuche, hinter jeden »toten Begriff« ein Bild zu bringen, das man sich vorstellen kann. Damit zeigst du deine Philosophie, deinen Charakter, deine unverwechselbare Persönlichkeit.

Kurz und gut

Wenn du in den Bewerbungsprozess startest, sammelst du am besten erst einmal ganz viel Material. Geschichten, Bilder, Belege für Stärken, Zeugnisse, Erfolgsgeschichten. Das kann durchaus Zeit in Anspruch nehmen, aber ein paar Stunden für die Bewerbung sollten schon drin sein. Du willst schließlich auch einige Tausend Stunden in deinem neuen Job arbeiten …

Aber jetzt kommt ein zweiter Aspekt ins Spiel: Die Leser deiner Bewerbung wollen nicht nur möglichst viel über dich erfahren und deine Persönlichkeit erleben, sie möchten das auch noch möglichst rasch tun.

Außerdem solltest du Wichtiges von Unwichtigem trennen können. Und ob du dazu in der Lage bist, sieht man schon in der Bewerbung. Also komm auf den Punkt, dampfe dein gesammeltes Material so gut es geht ein. Manche Geschichte lässt sich auch in einem Halbsatz oder einem gut gewählten sprachlichen Bild erzählen.

Prüfe jedes Detail deiner Bewerbung, ob es wirklich etwas Relevantes und Neues erzählt. Die Zeiten sind vorbei, in denen man einfach alle Zeugnisse seit dem Kindergarten in die Mappe packte. Wenn du bereits erfolgreich ein paar Jahre gearbeitet hast, kannst du dir sogar manchmal im ersten Anlauf dein Abschlusszeugnis sparen – außer es ist in der Ausschreibung explizit gefordert.

Das Deckblatt ist der erste Eindruck, den du mit einer Bewerbung hinterlässt. Wenn du es mit einer reinen Auflistung von persönlichen Daten füllst, sagt das aber wenig darüber aus, ob du für die Stelle geeignet bist. Dann lass es lieber weg und starte gleich mit dem Motivationsschreiben. Wenn du eine Person neu kennenlernst, sagst du ja auch nicht als Erstes: »Mein Name ist Hans Wurst, ich wohne in der Eibenstraße 27 in 90763 Fürth und meine E-Mail-Adresse lautet hans.wurst@googlemail.com.«

Bietet das gut gestaltete Deckblatt einen Mehrwert – beispielsweise bei einer Bewerbung als Grafikdesignerin –, dann nutze die Gelegenheit. Sonst lass es weg. Dasselbe gilt für Anlageverzeichnisse, Floskeln und Phrasen, persönliche Informationen ohne inhaltlichen Bezug (Geburtsort, Geschwister). Wenn das jemanden interessiert, kann er – sofern erlaubt – im Bewerbungsgespräch danach fragen.

Checkliste:
Wichtigste Bewerbungsunterlagen

- ◯ Kurzes individuelles Bewerbungs- und Motivationsschreiben
- ◯ Übersichtlicher Lebenslauf (rückwärts-chronologisch) mit Fokus auf die relevanten Ausbildungen, Stärken und Erfahrungen
- ◯ Im Lebenslauf: Kurzprofil als Zusammenfassung des Anschreibens
- ◯ Im Lebenslauf: gutes Bewerbungsfoto
- ◯ Im Lebenslauf: falls zutreffend, Auflistung von relevanten Projekten, Veröffentlichungen, wichtigen Detailkenntnissen, beispielsweise Programmiersprachen.
- ◯ Aktuelle Zeugnisse und Nachweise (rückwärts-chronologisch) für alle genannten und geforderten Qualifikationen: Hochschulzeugnis, Ausbildungszeugnis, Arbeitszeugnis, Fortbildungszeugnis und Ähnliches
- ◯ Alles in einer PDF-Datei zusammengefasst
- ◯ Auf Fehler und Rechtschreibung geprüft

Videos in der Bewerbung

Neben der Bewerbung per E-Mail, Brief oder Online-Plattform kann auch ein Video-Interview oder ein automatisiertes Online-Gespräch Bestandteil deiner Bewerbung sein. Das ist ein zeitsparender Vorgriff auf das Bewerbungsgespräch, denn man lernt dich sehr schnell kennen und kann beispielsweise gezielt nach tiefen Fachkenntnissen fragen.

Spätestens bei der persönlichen Präsentation zeigt sich nebenbei, ob du deine Bewerbung nur mithilfe von KI und Photoshop »gepimpt« hast oder ob du wirklich so ein toller Typ bist. Inzwischen ist es relativ einfach, formale Perfektion mit technischen Hilfsmitteln zu erreichen. Umso wichtiger wird, was du im echten Leben und in der Eins-zu-eins-Begegnung wirklich draufhast.

Wenn deine Persönlichkeit für den ersehnten Job eine besonders große Rolle spielt, kannst du auch unaufgefordert deine Bewerbung durch ein kurzes Vorstellungsvideo ergänzen. Das ist originell und mutig.

Du solltest das dann natürlich technisch beherrschen – also nicht unbedingt im Gegenlicht von unten in die Nasenlöcher filmen – und insgesamt kompetent, sympathisch und positiv rüberkommen.

Sinnvoll sind solche Videos bei Initiativbewerbungen oder im Bereich von Marketing und Social Media.

Wenn deine künftige Aufgabe darin besteht, das Unternehmen in Wort und Bild optimal zu präsentieren, ist es natürlich sinnvoller, zu zeigen, dass du das auch für dich selbst gut kannst …

Initiativbewerbung

Eine Möglichkeit, über die wir bisher noch nicht gesprochen haben, ist die Initiativbewerbung. Du verschickst unaufgefordert eine Bewerbung an ein Unternehmen, das offiziell gar keine Stelle ausgeschrieben hat (deshalb auch Blindbewerbung).

Voraussetzung ist, dass du sehr gut recherchiert hast. Du musst dir ja schließlich die geforderten Qualifikationen und den gewünschten Nutzen selbst erschließen. Natürlich sprichst du idealerweise mit einer Mitarbeiterin oder kennst einen Mitarbeiter persönlich. Je mehr Hintergrundinformationen du hast, desto besser kannst du dich optimal darstellen.

Wenn dir das gelingt, zeigst du damit eine hohe Motivation und ein großes Interesse, gerade diesem Unternehmen zu helfen. Früher oder später hat die Firma vielleicht eine freie Stelle – oder du bringst sie überhaupt erst darauf, dass du ihnen gerade noch gefehlt hast …

Abgesehen davon gelten für eine Initiativbewerbung alle bisher genannten Aspekte. Du musst nur herausbekommen, an wen du sie schicken kannst. Die entsprechende Information findest du auf der Unternehmenswebsite, in früheren Stellenanzeigen, über Businessplattformen wie LinkedIn oder über die Personalabteilung. Wenn du sogar die Ansprechpartnerin oder den Ansprechpartner kennst, hast du auch schon den richtigen Namen für dein Anschreiben.

Bewerbungsgespräch

Vermutlich bist du vor deinem ersten Bewerbungsgespräch etwas aufgeregt. Schließlich ist das schon ein bisschen wie bei einem »Date«. Du willst die anderen von dir überzeugen und dabei trotzdem locker, authentisch und ehrlich rüberkommen.

Tobias kennt sich als Moderator mit solchen Auftritten gut aus: Du trittst auf eine Bühne, alle schauen dich an. Sie wissen schon einiges über dich, aber du nichts über sie. Dein Herz klopft wie wild – und jetzt musst du einfach mal ganz du selbst sein und natürlich völlig tiefenentspannt. Wie soll das gehen?

Ein Tipp, den Tobias in seinem Bühnen und Kamera-Coaching an dieser Stelle gibt, ist: »Kontrolliere deinen mentalen Fokus.« Es ist ein Unterschied, ob du dich mit Gedanken beschäftigst, wie »Bloß nichts falsch machen!« oder »Hoffentlich verrutscht meine

Frisur nicht«. Oder ob du dich erst einmal darüber freust, dass du eingeladen worden bist.

Gegen Angst und Nervosität hilft zunächst Dankbarkeit. Mache dir bewusst, wofür du in diesem Moment dankbar sein kannst – für den pünktlichen Bus, das schöne Wetter, deine gute Ausbildung und natürlich für die Tatsache, dass du aus einer Vielzahl von Bewerbungen für dieses Gespräch ausgewählt worden bist. Wo Dankbarkeit ist, gibt es weniger Raum für Nervosität.

Ehrlich währt am längsten

Das Unternehmen sucht eine Person, der man vertrauen kann. Deshalb lohnt es sich nicht, Schwächen zu verbergen oder zu lügen.

Du kennst das aus deiner Familie und aus deinem Freundeskreis: Wenn du jemandem grundsätzlich vertraust, darf er auch Fehler haben und Fehler machen. Also verstelle dich nicht, um irgendwelche Erwartungen zu erfüllen, die du womöglich gar nicht genau kennst.

Jeder Mensch hat Schwächen, und sei es nur eine bestimmte Schokoladensorte. Wenn du im Bewerbungsgespräch gefragt wirst: »Was sind Ihre Schwächen?«, dann brauchst du aber nicht alle hintereinander aufzählen. Vor allem nicht mit Sätzen wie »Ich bin ungeduldig« oder »Ich kann schlecht delegieren«. Du magst Schwächen haben, aber du identifizierst dich nicht mit ihnen.

Dein Fokus bleibt positiv und auf deine Stärken und Lösungswege fokussiert. Wenn du über Fehler und Schwächen sprichst, geht es vor allem darum, ob du eine reife und positive Art hast, mit ihnen umzugehen und daran zu arbeiten.

Viele zählen an dieser Stelle ein paar negative Eigenschaften auf, die völlig nebensächlich sind oder keine große Auswirkung auf deine Befähigung für den Job haben – also beispielsweise die Schwäche für Schokolade. Aber solche Ablenkungsmanöver sind natürlich durchschaubar.

Auch du hast echte, relevante Schwächen. Alles andere wäre unehrlich. Deshalb lohnt es sich, dass du dir über die wichtigsten Fehler und Schwächen und deinen Umgang mit ihnen klar bist und das auch zeigst.

Echte Schwäche in einer geforderten Kernkompetenz solltest du natürlich am besten nicht haben – auf keinen Fall im Gespräch von selbst nennen. Wenn du für die Stelle wirklich nicht geeignet bist, wirst du sie vermutlich auch nicht antreten. Aber das wäre dir bestimmt bei deiner ausführlichen Vorbereitung irgendwann mal aufgefallen.

Übrigens: Über andere – auch frühere Arbeitgeber – schlecht zu sprechen, ist immer eine unverzeihliche Schwäche. Es mag dir kurzfristig ein positives Gefühl geben, wenn du andere herabwürdigst. Auf lange Sicht ist das aber ein Charakterzug, den man in keinem Unternehmen gern sieht.

Passt es für dich?

Nicht nur du entscheidest dich fürs Unternehmen – auch das Unternehmen entscheidet sich für dich. Deshalb lohnt es sich, eigene Fragen parat zu haben. Am besten notierst du dir vorher ein paar Punkte, damit im Gespräch nichts untergeht.

Wichtig für den Arbeitgeber ist: Worum geht es dir? Fragst du nur nach Gehaltsbausteinen, Tischkickern und Sonderurlaub – oder auch nach Dingen, die zeigen, dass du dich wirklich für die Arbeit und das Team interessierst?

Zum Beispiel: Wie ist das Team aufgestellt? Wie läuft die Einarbeitung? Gibt es Möglichkeiten zur Weiterbildung und wie geht man mit Fehlern um?

Mit solchen Fragen erfährst du selbst, ob du dich bei diesem Arbeitgeber wohlfühlen würdest. Außerdem hast du in manchen Branchen wegen des Fachkräftemangels eine gute Ausgangsposition. Du kannst also durchaus vergleichen und abwägen.

Gleichzeitig zeigst du, dass du dich ernsthaft mit dem Job auseinandergesetzt hast und auf welchem Niveau du deine Fähigkeiten einbringen willst. Nach dem konkreten Anwendungsverfahren einer Software oder eines Spezialwerkzeugs fragt schließlich nur jemand, der sich wirklich auskennt.

Natürlich gilt auch hier: Mach keine Show draus. Sei authentisch und stell nur Fragen, die dich ehrlich interessieren – das wirkt am überzeugendsten.

Wenn die Chemie nicht stimmt

Wenn du während des Gesprächs merkst, dass es sich nicht gut anfühlt, kann es sein, dass einfach die Chemie nicht stimmt. Am Ende muss es für beide Seiten passen und es ist gut möglich, dass du die Unternehmerin nicht leiden kannst oder dem Personalchef irgendetwas an dir nicht passt.
Aber: Urteile während des
Gesprächs nicht zu schnell darüber!

Am Anfang seiner Bühnenkarriere hatte Tobias häufiger bei seinen Soloprogrammen das Gefühl, schlecht anzukommen. Das Publikum lachte wenig, klatschte viel leiser als am Vorabend und in der ersten Reihe sah er gelangweilte Gesichter.

Nach der Vorstellung kamen dann strahlende Menschen zu ihm und sagten, sie hätten sich hervorragend unterhalten gefühlt und die Musik und die inspirierenden Gedanken sehr genossen.

Also: Vielleicht hat dein Gegenüber einfach nur im Stau gestanden, hat Hunger, braucht Kaffee oder sie oder er schaut einfach immer so – das berühmte »Resting Bitch Face« (RBF), bei dem man grundlos gelangweilt oder unfreundlich aussieht.

Versuche dich also, auf eine Person im Raum zu konzentrieren, zu der du besser Kontakt aufbauen kannst und die dir sympathisch ist. »It's not over until it's over« heißt das Motto. Solange du nicht rausgeworfen wirst, hast du eine Chance. Also nutze sie.

Sollte es doch nicht klappen, ist das statistisch gesehen der Normalfall. Sicher wurden neben dir noch zwei bis fünf weitere Bewerber eingeladen. Und dann gibt es Unternehmen, die sich bei der Auswahl vergreifen und die Falschen einstellen.

Da kannst du wenig machen, selbst wenn du die ideale Besetzung für eine Stelle wärst. Sei dankbar über die Gelegenheit, denke und sprich niemals schlecht über das Unternehmen, das dich abgelehnt hat, versuche, aus der Erfahrung möglichst viel zu lernen, und gehe ebenso selbstbewusst und gut vorbereitet in das nächste Gespräch.

GEHALT UND KARRIERE

Wenn es um die Bezahlung einer beruflichen Tätigkeit geht, ist die Situation bei Oskar und Tobias mal wieder eher ungewöhnlich, denn für selbstständige Künstler ist das Honorar frei verhandelbar. Eine Show, ein Coaching-Gespräch oder ein 30-Sekunden-Video können 500, 5.000 oder 50.000 Euro wert sein – völlig unabhängig davon, wie viele Stunden oder Tage wir daran gearbeitet haben.

Man kann es letztlich auf die Formel bringen: Wir werden für ein Ergebnis bezahlt, das einem Kunden Nutzen bringt. Je besser dieser Nutzen messbar und je größer der dadurch erzielte Mehrwert (Gewinn, zufriedene Kunden oder Mitarbeiter, Qualitätssteigerung des Produkts) ist, desto mehr ist unsere Leistung wert. Und je weniger andere Anbieter dieselbe Leistung erbringen, desto mehr Honorar können wir durchsetzen.

Tatsächlich besteht ein großer Teil unserer Arbeit genau darin, ihren Wert darzustellen und verständlich zu machen. Und darum sind wir vielleicht gar keine schlechten Ratgeber für das Thema Gehaltsverhandlung. Denn wir machen das nicht alle paar Jahre, sondern praktisch bei jedem einzelnen Auftrag, den wir annehmen.

Verkaufen lernen

Lass es uns noch einmal wiederholen: Grundsätzlich gilt auch für jeden anderen Beruf, dass du für den Nutzen bezahlt wirst, den du im Auftrag deiner Chefs für deine Kundinnen und Kunden erbringst. Sofern du also einen Verhandlungsspielraum hast, kommt wieder ins Spiel, was wir eingangs besprochen haben: Je besser du den Dienst präsentieren kannst, den du anderen mit deinen Fähigkeiten und Talenten erbringst, umso mehr verdienst du.

Und ja: Es hängt von deiner Fähigkeit zur positiven Selbstdarstellung und dem dafür nötigen Selbstbewusstsein ab, ob du erfolgreich ein höheres Gehalt verhandelst oder nicht. Weder Oskar noch Tobias ist ein begabter Verkäufer. Wir mögen es auch nicht besonders. Und es wäre uns sehr recht, wenn die Auftraggeber von sich aus den vollen Wert unserer Arbeit erkennen und ein großzügiges Angebot machen würden. Das kommt nur leider selten vor.

Deshalb mussten wir – wie jeder, der angemessen bezahlt werden möchte – verkaufen lernen. Das Schwerste dabei ist immer, sich selbst und die eigene Leistung anzupreisen. Denn großspurige Selbstdarsteller finden wir ganz schrecklich – und wahrscheinlich geht's dir da ähnlich.

Selbstvertrauen oder Selbstherrlichkeit

Der Kniff liegt, kurz gefasst, im klaren Fokus auf dem Nutzen. Es geht nicht um dich und deine Großartigkeit. Keiner will einen Helden einstellen, sondern jemanden, der ihm hilft, selbst Held zu sein. Und wenn du dich mit dem Nutzen deiner Arbeit tief genug auseinandersetzt und ihn selbst wirklich verstehst, dann kannst du deine Leistung auch selbstbewusst und ohne Scheu benennen und eine aus deiner Sicht angemessene Gegenleistung verlangen.

An deinem Nutzen-Fokus kannst du schon arbeiten, wenn du erst am Beginn einer Ausbildung oder eines Studiums stehst. Zwar läuft der eine oder die andere anscheinend auf dieser Welt herum, als habe er in der Kindheit die Selbstsicherheit mit Löffeln gefressen. Echtes Selbstvertrauen aber kannst du gezielt aufbauen.

In der Psychologie gibt es den Begriff der Selbstwirksamkeitswahrnehmung: Du lernst beispielsweise für eine Arbeit und schreibst dann eine gute Note, erlebst dich also selbst als wirksam. Nach einer Weile entsteht daraus die Erwartung, dass das immer so sein könnte, also die Selbstwirksamkeitserwartung. Und wenn das nicht nur auf bestimmte Fähigkeiten begrenzt ist, sondern dich als Person und deinen Wert einschließt, wird daraus Selbstwertgefühl und Selbstvertrauen.

Das Prinzip klingt simpel, ist aber für viele eine große Herausforderung: Zunächst musst du etwas bewirken – also irgendjemandem Nutzen stiften – und das auch noch selbst bewusst wahrnehmen. Bestenfalls fängt das in der Kindheit mit Kleinigkeiten an: Du räumst die Spülmaschine aus und erntest den dankbaren Blick deiner Eltern. Damit entwickelst du im Lauf der Zeit die Basis dafür, dass du dir selbst vertrauen kannst: »Ich habe ja schon so oft in so vielen unterschiedlichen Bereichen ein gutes Ergebnis erzielt, also klappt das bestimmt auch dieses Mal!«

Um diese Sicherheit für Gehaltsverhandlungen aufzubauen, lohnt es sich also, so früh wie möglich den Blick auf deine Wirksamkeit zu richten und deine Erfolge zu dokumentieren. Tobias schreibt sich deshalb seit vielen Jahren auf, was er in der letzten Woche erfolgreich hinbekommen hat.

Vergütungsmodelle

In den meisten Branchen ist das Gehalt natürlich völlig anders geregelt als bei uns freien Künstlern. Die wenigsten müssen jede Leistung neu verhandeln, sondern es gibt oft feste Rahmenbedingungen.

In vielen Berufen geben Tarifverträge oder Besoldungsgruppen einen gewissen Korridor vor, innerhalb dessen du einen festgelegten Betrag bekommst – je nach Ausbildung, Berufsjahren, Arbeitsort und Qualifikation.

In anderen Branchen sind Gehälter freier verhandelbar. Aber auch dort gibt es marktübliche Größenordnungen zur Orientierung. Wenn du also für deinen neuen Job eine Gehaltsvorstellung nennen sollst oder nach ein paar Jahren eine Erhöhung verhandeln willst, lohnt sich der Blick in Portale wie gehalt.de, lohnspiegel.de oder stepstone.de. Auch das Statistische Bundesamt bietet auf destatis.de eine große Datenbank zur Einordnung deines Gehaltswunsches an.

Innerhalb dieser Korridore gibt es Spielräume, die du für Verhandlungen nutzen kannst. Vielleicht hast du trotz geringer Zahl an Berufsjahren schon viel Erfahrung, die du belegen kannst. Oder du hast besonders gute Ergebnisse geliefert. Oder du beherrschst die ganz neue Programmiersprache besser als alle anderen.

Das alles sind Argumente, die du nutzen kannst und solltest, um dein Gehalt ans obere Ende des Spielraums zu verhandeln.

Geld ist nicht alles

Auch wenn beim Gehalt selbst nichts zu machen sein sollte, gibt es Möglichkeiten, wie du Wertschätzung erhalten kannst für den Wert, den du lieferst. Immer vorausgesetzt, du bist in einer guten Verhandlungsposition.

Urlaubsbedingungen können ebenso zu deinen Gunsten angepasst werden wie Fahrtkostenzuschüsse, Zusatzversicherungen oder leistungsabhängige Boni. In vielen Bereichen ist die Ausgangslage für solche Verhandlungen günstig – Stichwort Fachkräftemangel.

Unserer Philosophie nach solltest du bei allem Selbstbewusstsein deinen Wert für die Kunden oder Auftraggeber zwar kennen, aber prinzipiell eher mehr liefern als versprochen. Manchmal könnte man zwar viel raushandeln – insbesondere, wenn Fachkräftemangel Unternehmen in richtige Not bringt –, ein bisschen Bodenhaftung und Demut tun uns aber auch allen gut.

Eine Win-win-Situation schaffst du in Verhandlungen beispielsweise, wenn du Investitionen in deinen eigenen Nutzen vorschlägst, also Fortbildungen, Coaching oder Spezialisierungen. Dann zeigst du dein Engagement und wirst gleichzeitig für das Unternehmen wertvoller – was sich irgendwann auch in mehr Gehalt widerspiegeln wird.

Perspektive und Karriere

Wer hätte vor zehn Jahren gedacht, dass Moderatoren, Drehbuchautoren, Zeichner, Radiologen, Versicherungsangestellte, Journalisten, Steuerberater und viele mehr möglicherweise bald von maschinellen Prozessen ersetzt werden könnten? Die Zahl der Überraschten ist groß und auch Tobias und Oskar betrifft dieser Megatrend erheblich.

Ohne das Thema »KI« hier ausführlicher diskutieren zu wollen: Es zeigt, dass du dir nicht zu viele Sorgen darüber machen musst, mit was du in zehn oder zwanzig Jahren Geld verdienst: »Bis dahin fließt noch viel Wasser den Rhein runter.«

Das Einzige, was sicher ist: Du wirst immer wieder neue Dinge lernen, um den bisherigen oder neuen Arbeitgebern und Kunden Nutzen zu bringen. Und das ist doch eine großartige Konstante! Unser Leben wird nicht langweilig. Und da wir sowieso alle nicht drumherumkommen, ist das Beste, sich auf die eigene Weiterentwicklung zu freuen. Also: Was willst du lernen, um künftig noch besser dienen zu können?

Eine Karriere ist ein langfristiger Prozess, und so viel mehr als nur deine berufliche Tätigkeit spielt dabei eine Rolle. Wirst du eine Familie haben? Bleibst du gesund? Wird dein Unternehmen verkauft oder geht pleite? Musst du aus privaten Gründen umziehen? All diese Dinge beeinflussen deine Karriere. Du kannst nicht alle davon kontrollieren. Also entspann dich …

Drei bis sieben Jahre sind meist ein sinnvoller Zeitraum, den du überblicken kannst. Hier kannst du dir Ziele setzen und an deiner Entwicklung arbeiten. Ein paar Gedanken mehr dazu gibt's im letzten Abschnitt dieses Buchs.

Fünf Fragen für deine Entwicklung

Zum Abschluss dieses Kapitels möchten wir dir noch fünf Fragen mit auf den Weg geben, die dich auf deinem ganzen Berufsweg begleiten können. Ob du nun handwerklich, in der Verwaltung oder selbstständig tätig bist: Wenn du dir in regelmäßigen Abständen eine halbe Stunde Zeit nimmst, um über eine oder mehrere davon nachzudenken, wird dich das auf Dauer erfolgreicher und zufriedener machen.

1. Bringt mich das, was ich heute tue, meinen Zielen näher?
2. Welche Stärken sollte ich entwickeln und welche Fähigkeiten sollte ich lernen, um noch mehr bewirken zu können?
3. Setze ich meine Talente optimal ein – oder könnte ich mit weniger Aufwand mehr erreichen?
4. Mache ich zu viel von dem, was andere besser können?
5. Was würde ich tun, wenn Geld keine Rolle spielte und ich überhaupt nicht zu arbeiten bräuchte?

Deine Take-aways aus Kapitel 4

- Stelle dir die Frage: »Was kann ich und wem diene ich damit?« Wenn du deine Stärken zum Nutzen der anderen einsetzt, verdienst du auch etwas.
- Finde heraus, was dir leichtfällt, was dir Spaß macht und was du gut kannst. In Kombination mit dem Nutzen für andere ergibt sich daraus oft deine Berufung.
- Manchmal steht die Karriereleiter an der falschen Wand. Gespräche mit Profis und Praktika zeigen dir früh, wie ein Beruf wirklich aussieht und ob er zu dir passt.
- Arbeitgeber haben Vertrauen in dich, wenn sie wissen, welche Ergebnisse du liefern kannst, welche Fähigkeiten dahinterstecken und warum du für sie arbeiten willst.
- Nutze in deiner Bewerbung Storytelling statt Schlagworte: Anschauliche Beispiele machen deine Stärken greifbar. Bleibe dabei kurz, klar und authentisch.
- Bleib im Bewerbungsgespräch ehrlich und bringe eigene Fragen mit, die zeigen, dass du dich wirklich für die Arbeit im Unternehmen interessierst.
- Schätze deinen Wert beim Gehalt realistisch ein, präsentiere ihn klar und nutze Portale wie gehalt.de, lohnspiegel.de, stepstone.de oder destatis.de.
- Rechne mit Veränderung: Langfristig ist entscheidend, dass du immer weiter lernst. Was in 20 Jahren ist, weiß niemand.

05.

WAS DIE SEELE BRAUCHT

Endlich sitzt du am Steuer deines Lebens! Schulabschluss in der Tasche, vielleicht sogar ein Ziel vor Augen – und doch hakt es noch. Wie beim Autofahren nach der Führerscheinprüfung: »Wie war das mit dem Einparken? Oh, zwei Stunden Stau hatte ich nicht eingerechnet. Und wo lädt man eigentlich?«

Bisher wurdest du oft durchs Leben »chauffiert«, hattest Stundenpläne und immer einen vollen Kühlschrank zu Hause. Jetzt sollst du nicht nur lenken, sondern auch tanken, den Wagen in Schuss halten und vor allem entscheiden, wohin die Fahrt geht! Aufregend – und ziemlich überfordernd. Jeder, der nach der Fahrprüfung das erste Mal allein auf die Autobahn musste, weiß, wie sich das anfühlt.

Quarterlife Crisis

Kein Wunder, dass in dieser Phase Krisen fast vorprogrammiert sind. Die Psychologie spricht von der »Quarterlife Crisis«: Viele junge Menschen um 25 herum stellen fest, dass sie zwar viele PS unter der Haube haben, aber keinen Plan davon, wohin sie fahren möchten. Sie sind voller Erwartungen und Hoffnungen – und landen unsanft in der Realität.

Das war bei Tobias nicht anders: Nach seinem sehr erfolgreichen Schulabschluss und Zivildienst startete er sein Musikstudium mit der Erwartung: »Endlich kann ich zeigen, was ich kann.«

Doch die Ernüchterung folgte schnell. Im Dirigierunterricht wurde er vor allem kritisiert, und der hohe Anspruch, weiterhin einer der Besten zu sein, war angesichts hunderter ebenfalls talentierter Musiker unerreichbar.

Diese erste Phase des Erwachsenenlebens kann also nicht nur aufregend, prickelnd und beglückend sein, sondern ist regelmäßig auch von Enttäuschung, Sorgen und Einsamkeit geprägt. Das Wort »Enttäuschung« bedeutet wörtlich, dass eine falsche Vorstellung platzt. Man stellt fest: »Ich habe mich in dem einen oder anderen geirrt.«

So schmerzhaft das ist – es gehört dazu. Wie du früher laufen und sprechen lernen musstest, lernst du jetzt, Erwartungen an dich und andere mit der Wirklichkeit abzugleichen. Und weil wir wissen, dass das nicht immer angenehm ist, sprechen wir in diesem letzten Kapitel noch ein paar wichtige Themen an – von Selbstführung bis Konfliktlösung und von Medienkonsum bis Ziele setzen. Das Wichtigste kommt wie so oft zum Schluss.

Los geht's!

ICH UND DIE ANDEREN

Als Oskar mit 19 nach Köln zog, hatte er dort schon häufiger Freunde besucht, so dass ihm die neue Stadt nicht völlig fremd war. Dennoch fuhr er anfangs ziemlich häufig die sechs Stunden an den Bodensee zurück, denn so ein bisschen Heimweh hatte er schon. Außerdem behielt er zunächst die gewohnte Zahnärztin und den Hausarzt und – sehr wichtig – er verband seine Heimatbesuche immer mit einem Termin bei seiner vertrauten Friseurin. Man muss ja Prioritäten setzen …

Den meisten, die in eine andere Stadt ziehen, ist vielleicht erst mal gar nicht bewusst, wie viel sich wirklich ändert: Im Elternhaus ist nicht nur der Alltag vermutlich geregelt, man lebt auch mit Menschen zusammen, die man schon sehr lange kennt. Ob man sich mit Eltern und Geschwistern nun gut verträgt oder nicht – jedenfalls ist dir der Umgang zuhause, eure »Familienkultur«, sehr vertraut.

Plötzlich bist du mit vielen neuen Menschen konfrontiert – in der WG, bei der Ausbildung, in der Hochschule –, die aus einer völlig anderen Kultur zu kommen scheinen. In manchen Familien läuft den ganzen Tag Musik, in anderen der Fernseher, bei den einen wird abends gemeinsam gegessen, bei den anderen holt sich jeder was aus dem Kühlschrank, wenn er Hunger hat. Unterschiedliche Lebenskonzepte, unterschiedliche Kulturen.

Dazu kommt: Dein alter Freundeskreis ist nicht mehr da. Und so kann zunächst mal eine ungewohnte Situation entstehen, in der du dich – ob mit oder ohne Menschen um dich herum – ziemlich allein fühlst.

Zeit für dich / FOMO

Auch wenn das ungewohnt ist: In dieser Einsamkeit liegt eine große Chance. Natürlich sollst und wirst du an deinem neuen Wohnort neue Freunde finden. Dazu kommen wir gleich noch. Aber vielleicht ist das ja eine gute Gelegenheit, dich erst mal selbst kennenzulernen. Wenn immer was los ist und alles wie geschmiert läuft, kommt man einfach zu wenig dazu …

Auch Oskar bevorzugte nach seinem Umzug erst einmal die »Open-House«-Methode: Er hatte eine großzügige Wohnung und immer viele Freunde zu Besuch. Sein Wohnzimmer war quasi ein sozialer Treffpunkt. Viele hatten einen Schlüssel und kamen einfach mal kurz vorbei, beispielsweise wenn sie auf dem Weg in die Stadt mal aufs Klo mussten. Und auch Übernachtungsgäste waren bei ihm jederzeit willkommen.

Daran war nichts falsch. Die meisten seiner Freunde nutzten es nicht aus und brachten neben guter Laune auch mal etwas mit. Und bei den Treffen entstanden sogar Videos für Oskars Kanal, auf dem es damals noch hauptsächlich um Erlebnisse und Spaß in der Gruppe ging.

Aber nach einer Weile merkte er, dass seine eigenen Bedürfnisse oft andere waren als die seiner Freunde. Er wollte nicht immer Party machen. Es musste auch nicht immer was los sein. Er brauchte ab und zu einfach Zeit für sich. Aber das fühlte sich komisch an: Darf man einfach Nein sagen, wenn die anderen alle in den Club gehen, man selbst aber keine Lust auf Alkohol und laute Musik hat?

Die berühmte FOMO erwischte auch ihn oft. Und vermutlich kennst du diese Furcht, etwas zu verpassen, auch: Fliege ich aus der WhatsApp-Gruppe, wenn ich zu oft nicht dabei bin? Was denken die anderen über mich, wenn ich andere Pläne habe oder einfach mal allein sein will?

Langeweile als Konzept

Oskar entdeckte irgendwann, dass Lesen oder Spazierengehen für ihn manchmal nötig war, um die Batterien wieder aufzuladen. Für neue Videos, für neue Gruppenaktivitäten. Und selbst wenn einem für so eine Auszeit gar nicht viel einfällt, muss das nicht schlecht sein. Im schlimmsten Fall langweilst du dich eben ein bisschen.

In der Psychologie gilt Langeweile als unangenehmer Zustand – zugleich wird aber auch ihre kreative Chance betont. Denn wer sie auch mal zulässt, hat häufiger gute Ideen, wird kreativ und macht sogar eher mal etwas für andere.

Wenn du also eine Lücke im Kalender nicht gleich durch Party, Serienschauen oder Social Media füllst, fällt dir stattdessen nach einer Weile etwas Spannendes ein – vielleicht sogar eine geniale Geschäftsidee, wer weiß.

Selbstfürsorge oder Egoismus

Pausen vom sozialen Leben geben dir Gelegenheit, für dich selbst zu sorgen – die Säge zu schärfen, wie es in einer unter Coaches bekannten Geschichte heißt:

> *Ein Mann geht im Wald spazieren. Schon von Weitem hört er laute Sägegeräusche. Als er näherkommt, sieht er, wie zwei Waldarbeiter mit einer völlig stumpfen Säge einen gewaltigen Baumstamm bearbeiten. Da das Sägeblatt kaum noch Kraft hat, kommen sie nur sehr langsam voran. »Wollen Sie nicht mal die Säge schärfen?«, fragt der Spaziergänger. Die Waldarbeiter antworten: »Dafür haben wir keine Zeit. Wir müssen ja den Baum sägen …«*

Diese Geschichte wird gern Menschen erzählt, die im »Hamsterrad« stecken, also von ihrer Arbeit völlig überfordert sind. Die Lehre: Wenn du dich nicht auch mal um deine eigene Energie kümmerst, Pausen oder Urlaub machst, kriegst du irgendwann gar nichts mehr hin. Dann ist die Säge stumpf und jeder Aufwand ist vergeudete Mühe.

Das Bild taugt genauso fürs Leben in der Gemeinschaft: Wenn du mit dir selbst nicht im Reinen bist, kannst du kaum gute Beziehungen zu anderen eingehen. Wenn du selbst schwach bist, kannst du auch niemand anderem helfen.

Diese Selbstfürsorge ist nicht zu verwechseln mit Egoismus. »Leute vom Stamme Nimm«, die nur nehmen und denen die Bedürfnisse anderer relativ egal sind, gibt es genug. Dazu wollen wir dich nicht ermuntern.

Aber eine gesunde Selbstliebe ist geradezu die Voraussetzung dafür, dass du nicht ausbrennst, wenn du hilfsbereit und nett bist, so dass andere gern in deiner Gesellschaft sind. Auch wenn du nicht besonders religiös bist – den 2.000 Jahre alten Bibelspruch »Liebe deinen Nächsten wie dich selbst« kennst du bestimmt. Und der meint genau das.

Neue Freundschaften

Natürlich willst du auch neue Freunde kennenlernen und nicht den ganzen Tag allein im Zimmer sitzen. Bester Ausgangspunkt dafür sind natürlich Mit-Studierende, Arbeitskollegen und »Kontakte von Kontakten«. Auch beim Sport oder Tanzen lernt man nette Menschen kennen. Und Oskar nutzte auch Social Media als Brücke für echte Bekanntschaften: Erst schrieb man sich, dann traf man sich.

Ein wichtiger Grundsatz ist: Freundschaften wachsen durch gemeinsame, echte Aktivitäten. Man kann zwar auch zusammen Musik hören, trinken oder Filme schauen, wirklich kennenlernen funktioniert aber nur mit vollem Einsatz: Teamsportarten, gemeinsam kochen, zusammen ein Fest vorbereiten. Je mehr Sinne und Körper beteiligt sind, desto eher kann eine Verbindung entstehen.

Deshalb ist es auch ein großer Unterschied, ob du mit jemandem lange Sprachnachrichten auf einer Plattform austauschst oder ob ihr euch füreinander Zeit nehmt und auf einem mehrstündigen Waldspaziergang »über Gott und die Welt« redet. Würde man deine Hirnströme im Hirnscanner messen, wäre sichtbar, wie viel mehr Aktivität im Gehirn beim echten Erleben stattfindet.

(Nebenbei: Tobias liebt den Instagram-Kanal @matterneuroscience, der immer wieder eindrucksvolle Hirnscan-Vergleiche postet.)

Solche Freundschaften kosten allerdings Zeit. Und das bedeutet möglicherweise, dass du eine Handvoll richtig guter Freunde regelmäßig triffst, anstatt 100 Kontakte in der Nachrichtengruppe zu pflegen. Gerade die früheren Freunde, die jetzt in einer anderen Stadt wohnen, stellen dich vielleicht vor die schwierige Aufgabe, Prioritäten zu setzen. Wenn du die ganze Zeit mit ihnen schreibst, verpasst du die nette Nachbarin, die dir auf der Treppe entgegenkommt.

Konflikte und Kommunikation

Nicht mit allen neuen Mitstudierenden, Kollegen und Mitbewohnern wirst du sofort warm. Manche kannst du vielleicht gar nicht leiden und gehst ihnen möglichst aus dem Weg. Aber wenn sie mit dir zusammenarbeiten oder im gleichen Haus wohnen – vielleicht sogar im Zimmer nebenan –, wird das auf Dauer schwierig.

Da können handfeste Konflikte entstehen, die dich belasten und dir sogar das Leben komplett zu vermiesen scheinen. Vor allem Konflikte, die deine Wohnsituation betreffen, fühlen sich manchmal an, als stünde deine ganze Lebensbasis auf dem Spiel. Sich zu Hause sicher zu fühlen, ist schließlich ein Grundbedürfnis.

Hier gilt die goldene Regel:
Konflikte lösen sich nicht von allein. Und der beste Weg ist immer Kommunikation.

Zum Thema »Kommunikation« kann Tobias ganze Seminare geben. Er stand schon immer gern auf Bühnen und erzählte bereits als Kind Geschichten. Oskar dagegen tat sich eher schwer in der zwischenmenschlichen Kommunikation ohne Kamera. Umso wertvoller sind die Gedanken, die er zu diesem Abschnitt beiträgt, denn sie zeigen vor allem eines: Kommunikation ist keine Naturbegabung, sondern man kann sie lernen und verbessern.

Entscheidend ist, was ankommt

Der wichtigste Gedanke bei der Verständigung mit deinen Mitmenschen ist, dass es weniger darum geht, was du sagen möchtest, als um das, was bei den anderen ankommt: Du formulierst deine Gedanken, Bilder oder Vorstellungen und sendest diese Worte deinem Gegenüber. Der andere übersetzt das in seine eigene Erfahrungswelt – also seine eigenen Gedanken, Bilder und Vorstellungen.

Was beim anderen ankommt, kannst du nur teilweise beeinflussen. Für eure Verständigung ist es aber entscheidend. Also frag nach, lass dir spiegeln, was der andere verstanden hat, hör zu und bleib geduldig. Das ist am Ende der einzige Weg.

Lästern und übereinander reden

Du kennst bestimmt den Grundsatz, dass man miteinander und nicht übereinander sprechen sollte. Denn auch Gedanken, die man nicht persönlich äußert, beeinflussen dein Verhalten und deine nonverbale Kommunikation. Es ist schwer, nachmittags mit einer Freundin über die Studienkollegin zu lästern und dann abends fröhlich und ehrlich mit derselben Person zu kommunizieren.

Wie wir denken und reden, beeinflusst langfristig unser Handeln – und damit auch unsere Beziehungen. Dazu passt auch dieser bekannte Spruch:

Achte auf deine Gedanken, denn sie werden Worte.
Achte auf deine Worte, denn sie werden Handlungen.
Achte auf deine Handlungen, denn sie werden Gewohnheiten.
Achte auf deine Gewohnheiten, denn sie werden deinen Charakter.
Achte auf deinen Charakter, denn er wird dein Schicksal.

Das gilt ganz besonders für Konflikte. Denn es mag erleichternd sein, sich bei anderen über die neue Mitbewohnerin zu beschweren. Auf Dauer hilft aber nur der direkte Weg.

Miteinander leben

Ob in der großen Weltpolitik oder am WG-Küchentisch – wenn du Konflikte lösen willst, hilft eine gute Ausgangssituation. Solange dein Umgang mit den anderen normalerweise von Respekt oder sogar Freundschaft geprägt ist, lassen sich mit ihnen auch unangenehme Dinge besser besprechen.

Oskar lief am Tag nach dem Einzug in seine erste Wohnung in Köln durchs ganze Haus, stellte sich den anderen Mitbewohnern vor und hinterließ seine Kontaktdaten. Wenn später mal ein paar Gäste zu lang blieben und zu laut wurden, riefen die Nachbarn direkt bei ihm an, anstatt bei der Polizei.

Eine ähnlich lohnende Investition war ein kleines Nachbarschaftsfest, das Tobias' Familie 2002 beim Einzug in das Haus veranstaltete: Die ganze Straße kam auf ein Getränk vorbei. Alle waren neugierig auf die neuen Nachbarn und nutzten die Gelegenheit, sich gegenseitig kennenzulernen und auszutauschen. Die

Aktion sorgte jahrzehntelang für gute Stimmung in der Straße.

Manchmal hilft es auch einfach nur, die Hausordnung zu kennen, die Ruhezeiten zu kennen und einzuhalten und, wo es keine Rahmenbedingungen gibt, welche zu schaffen.

Ruhezeiten

Laute Geräusche sind in Deutschland gesetzlich zu bestimmten Zeiten untersagt. So darf an Sonn- und Feiertagen von 0 bis 24 Uhr kein Lärm gemacht werden. Und von 22 Uhr bis 6 oder manchmal 7 Uhr ist Nachtruhe.

Einzelne Kommunen oder Hausordnungen kennen außerdem die tägliche Mittagsruhe zwischen 12 und 14 Uhr oder 13 und 15 Uhr. Schau am besten mal in den Mietvertrag.

Regeln und Toleranz

Besonders in einer WG treffen oft unterschiedliche Gewohnheiten und Vorstellungen aufeinander. Der Alltag bietet sehr viele Berührungspunkte – von Mülltrennung bis Spülmaschine ausräumen und von täglichen Besuchern bis Einkaufskosten.

Jetzt hast du zwei Möglichkeiten: Du gehst entweder davon aus, dass man mit Toleranz gegenüber anderen Gewohnheiten schon zurechtkommen wird. »Toleranz« kommt aus dem Latein und heißt »ertragen«. Euer Zusammenleben basiert also darauf, dass man manche Gewohnheiten der anderen erträgt. Das braucht man sicher in jeder Beziehung und in jeder Wohngemeinschaft.

Was aber, wenn unterschiedliche Personen in der WG nicht nur unterschiedliche Gewohnheiten, sondern auch unterschiedliche Vorstellungen von Toleranz haben?

Für die eine ist es normal, das ganze Geschirr drei Tage lang an der Spüle zu parken. Ein anderer kann vielleicht nur kochen oder sich sein Müsli zubereiten, wenn die Küche immer ordentlich aufgeräumt ist. Also räumt er erst einmal auf, damit die Bedingungen für ein leckeres Frühstück gegeben sind.

Der vermeintliche Vorteil von Toleranz: Man muss nicht reden. Wenn du die Verhaltensweisen deiner Mitbewohner freudig und gut gelaunt erträgst, ist das ein energiesparendes Modell. Aber was, wenn nicht?

Dann kommt die zweite Möglichkeit ins Spiel: Ihr setzt euch zusammen und tauscht euch erst einmal über eure Gewohnheiten aus – was euch wichtig ist und was weniger wichtig, welche Aufgaben wer gern erledigt und welche weniger gern. Und dann stellt ihr auf dieser Basis Regeln und Pläne auf und vereinbart auch, was geschehen soll, wenn jemand diese nicht einhält.

Beziehungsebene und Sachebene

Die Regeln gemeinsam aufzustellen, schafft schon eine gute Basis für ein friedliches Miteinander. Außerdem helfen euch die Regeln und Pläne, die Sachebene besser von der Beziehungsebene zu trennen.

Die große Gefahr beim »Toleranz-Modell« ist nämlich, dass es nur aus Bequemlichkeit gewählt wird – um die anstrengende Kommunikation zu umgehen. Aber insgeheim denkst du dir dann »deinen Teil«. Du regst dich über den anderen auf, weil er unordentlich ist, immer alles herumliegen lässt oder nie pünktlich sein kann.

Du merkst schon, jetzt sind jede Menge Emotionen und Verallgemeinerungen im Spiel – und die sind Gift für jede Kommunikation und jede Beziehung. Die anderen werden mit ihren Fehlern identifiziert und sind selbst »schlecht«. Wenn ihr dagegen einen Plan habt, dann ist höchstens das Verhalten des anderen schlecht oder verstößt gegen die vereinbarten Regeln.

Dieser Unterschied ist sehr wichtig. Denn mit einem schlechten Menschen willst du nicht befreundet sein. Mit einem, der ab und zu eine konkrete Regel verletzt, schon. Darum ist es bei Konflikten so wichtig, Organisation und Emotion zu trennen.

Unbestreitbare Ich-Botschaften

Ein Klassiker der Konfliktkommunikation ist neben der Vermeidung von verallgemeinernden Wörtern wie »immer«, »alles« und »nie« auch die Bevorzugung von sogenannten Ich-Botschaften statt Schuldzuweisungen.

Die Aussage »Immer lässt du deinen Kram an der Spüle stehen« führt zur Diskussion darüber, ob das wirklich immer so ist und ob das wirklich alles mein Kram ist. Und sie bietet keine Lösung an.

»Immer muss ich dein Geschirr wegräumen!« ist zwar eine Ich-Botschaft, aber trotzdem ein bestreitbarer Vorwurf. Und auch er bietet keinen Ausweg an.

»Es nervt mich, wenn an der Spüle Geschirr rumsteht, weil ich dann nicht gut kochen kann. Wie können wir das besser regeln?« Das ist eine Ich-Botschaft: deine Sicht, mit Begründung und der Frage nach einer Lösung. Auch »Es nervt mich …« ist eine subjektive Wahrheit, die nur du beurteilen kannst. Das klingt schon anders als »Du gehst mir auf die Nerven«, oder?

Rituale etablieren

Da weder Oskar noch sein Mitbewohner große Konfliktbesprecher waren, entwickelten sie eine ritualisierte Methode, um regelmäßig ins Gespräch zu kommen: Immer wenn sie etwas störte oder ärgerte, schrieben sie es auf einen Zettel, der in eine Box in der Küche geworfen wurde.

Einmal in der Woche setzten sie sich dann bei einem festgelegten regelmäßigen Termin (»Jour fixe«) zusammen und öffneten die Zettelbox. Damit stellten sie sicher, dass der Ärger über alltägliche Kleinigkeiten sich nicht zu lange ansammelte oder unbesprochen blieb.

Für Beziehungen gibt es eine schöne Methode, sich wöchentlich auszutauschen: sogenannte »Zwiegespräche«. Dabei sprichst du mit deiner Partnerin oder deinem Partner abwechselnd eine bestimmte Zeit, zum Beispiel 15 Minuten. In dieser Zeit kannst du alles äußern, was dir wichtig ist – Gefühle, Pläne, Ziele – und der andere hört einfach zu, ohne zu unterbrechen.

Wichtig sind Ich-Botschaften, keine Ratschläge oder Kritik. Danach wechselt ihr die Rollen. Gerade wenn einer von euch viel redet und der andere eher wortkarg ist, kann so ein ruhiges, ritualisiertes Gespräch sehr bereichernd sein – auch wenn ihr gar keine Konflikte miteinander habt.

DIE GROSSE, WEITE WELT

Wir leben in einer Zeit großer Krisen und viele machen sich deshalb Sorgen: um die Zukunft, um das Klima, um den Wohlstand und nicht zuletzt, ob wir auch in Zukunft in Frieden leben werden.

Vermutlich gehörst du also zu den 50 bis 75 Prozent der jungen Erwachsenen, die in verschiedenen Umfragen angeben, sich um die Zukunft zu sorgen. Das heißt: Wenn du dir Sorgen machst, bist du in guter Gesellschaft – die meisten in deinem Alter fühlen genauso und das kann bis hin zu ernsten psychischen Belastungen wie Angststörungen oder Depressionen führen.

Wir wissen: Das kann sich schwer anfühlen. Aber du bist damit nicht allein – und es gibt Menschen und Stellen, die dir helfen können. Depressive Verstimmungen und Angst kommen häufiger vor, als du denkst. Aber deshalb gibt es auch gute Methoden, ihnen zu begegnen. Nimm Hilfe in Anspruch, dafür ist sie da!

Wenn du »einfach nur« niedergeschlagen oder besorgt über die Vorgänge auf dieser Welt bist, ist auch das sehr verständlich. Es gibt viele Gründe dafür. Aber es gibt auch etwas, das die Wissenschaft das »Mean-World-Syndrom« nennt: Wir schätzen die Welt pessimistischer ein, als sie ist. Das heißt nicht, dass die

Probleme nicht real sind – nur, dass unsere Wahrnehmung manchmal noch mehr ins Dunkle zoomt, als die Realität es hergeben würde.

Ohnmacht

Ein Grund für diese Einschätzung ist, dass wir heute viel mehr mitbekommen, was auf der Welt geschieht. Und auch noch live und in Farbe. Unser Wahrnehmungsbereich hat sich geweitet und umfasst heute die gesamte Erde und bald vermutlich auch noch das Weltall …

Gleichzeitig ist aber der Einflussbereich jedes Einzelnen nicht größer geworden. Schon immer konnten wir hauptsächlich in unserer Familie, in unseren Beziehungen und im direkten Umfeld etwas bewirken. Wir können uns ehrenamtlich engagieren und im Kleinen viel erreichen. Die großen Probleme der Welt überfordern uns aber als Einzelne.

Das war schon immer so. Der Unterschied zu früheren Zeiten ist, dass durch den größer gewordenen Wahrnehmungsbereich unsere Einflussmöglichkeiten noch kleiner erscheinen. Das kann zum Gefühl von Hoffnungslosigkeit, Sinnlosigkeit oder Ohnmacht führen.

Wir müssen also anerkennen, dass unsere Möglichkeiten immer schon beschränkt waren und dass wir in erster Linie heute mehr Missstände wahrnehmen als früher. Das ändert nichts daran, dass diese Missstände existieren und sich sehr belastend anfühlen können.

Medien

Eine Hauptrolle beim »Mean-World-Syndrom« spielen die Medien. Gefahren, Bedrohungen und Gewalt interessieren uns Menschen evolutionsbedingt besonders stark. Wir könnten ja etwas verpassen, das wir zum Überleben dringend wissen müssten.

Diese menschliche Neigung nutzen Nachrichten, Filme, Serien und Social Media aus, weil sich solche Inhalte besser verkaufen. Wenn du regelmäßig am Bildschirm sitzt, stellst du fest, dass ein großer Teil der Medieninhalte dramatisch zugespitzt und existenziell bedrohlich ist. Und das führt letztlich zu einer Fehleinschätzung – die Welt wird schlechter wahrgenommen, als sie eigentlich ist.

Nur weil 30 bis 50 Prozent aller Sendungen und Serien gewalttätige Inhalte zeigen, heißt das nicht, dass jeder zweite bis dritte Mensch gewalttätig ist. Das Gegenteil ist der Fall.

Bewusst konsumieren

Welche Inhalte du konsumierst, entscheidest du selbst. Und du kannst genauso Informationen finden, die ebenso wahr sind, aber für dein Wohlgefühl deutlich besser. Das hat nichts mit einer rosaroten Brille zu tun. Du musst ja auch nicht immer nur das Düsterste sehen, oder?

Drei Beispiele für eine positiv-realistische Sicht auf die Welt:

In seinem Buch »Factfulness« beschreibt Hans Rosling, was sich in den letzten Jahrzehnten auf der Welt beispielsweise in den Bereichen Gesundheit, Bildung und Armut zum Besseren gewendet hat. Und das ist mehr, als du vermutlich aufgrund der allgemeinen Nachrichtenlage vermuten würdest.

Die Seite dailypositive.com hat sich darauf spezialisiert, optimistische und positive Nachrichten in den Vordergrund zu rücken. Und so ein paar Einheiten Optimismus am Tag sind vielleicht kein Fehler, oder?

In seinem Buch »Im Grunde gut« liefert Rutger Bregman Belege dafür, warum es durchaus sinnvoll und vernünftig ist, an das Gute im Menschen zu glauben. Er entlarvt darin auch einige altbekannte psychologische Studien als wissenschaftlich unsauber, die seit den 50er-Jahren immer wieder eine natürliche Bösartigkeit des Menschen behaupten.

Das sind Möglichkeiten, die Welt aus einer anderen Perspektive zu sehen. Ob du das möchtest, überlassen wir natürlich dir selbst. Es kann auch völlig ausreichen, auf die Hälfte der täglichen schlechten Nachrichten zu verzichten und stattdessen mit Freunden und Bekannten mehr Gutes zu erleben.

Die Dauerkrisen

Als Oskars Opa erwachsen wurde, hatte er gerade den Zweiten Weltkrieg hinter sich. Mit Ende 20 erlebte er, wie bei der Kuba-Krise knapp der Dritte Weltkrieg verhindert wurde.

Tobias erlebte als Heranwachsender, dass aufgrund des NATO-Doppelbeschlusses in Europa überall Atomwaffen aufgestellt wurden. Die Gefahr eines Atomkriegs war so groß, dass die Band Geier Sturzflug mit dem Song »Besuchen Sie Europa (solange es noch steht)« großen Erfolg hatte.

Kurz nach Oskars Geburt stand die Welt wieder am Rande eines großen Krieges, dem zweiten Irakkrieg. Die terroristischen Attentate mit mehreren Verkehrsflugzeugen auf Manhattan und das Pentagon, bekannt als 9/11, weckten die Angst vor terroristischen Anschlägen – auch bei uns in Europa.

In den letzten 20 Jahren gab es unter anderem die Finanzkrise, die Eurokrise, die Klimakrise, die Corona-Pandemie und die Energiekrise nach Beginn des Ukrainekriegs. Irgendwie scheint also die Welt sich eigentlich immer in irgendeiner Krise zu befinden. Das soll nicht heißen, dass die heutigen Krisen harmlos sind – nur, dass jede Generation ihre Herausforderungen hatte und hat.

Darüber hinaus sorgten und sorgen große Themen wie Digitalisierung, Globalisierung, demografischer Wandel, Dekarbonisierung und Künstliche Intelligenz für disruptive Veränderungen in der Welt.

Chancen

Das Wort Krise kommt vom griechischen »krinein«, das »entscheiden« bedeutet. Eine Krise ist also nichts anderes als ein Moment, in dem Altes von Neuem getrennt wird und Entscheidungen über die Zukunft fallen.

Davon auszugehen, dass die Veränderungen, die bevorstehen, ausschließlich negativ sein werden, ist genauso eine Spekulation wie darauf zu vertrauen, dass es immer einen Ausweg gibt. Nüchtern betrachtet wissen wir nicht, wie sich die Welt entwickelt.

Oft folgten auf solche Umbrüche in der Menschheitsgeschichte sogar »Goldene Zeiten«. Auch deine

Fähigkeit, schwierige Lebenssituationen zu überstehen und gestärkt daraus hervorzugehen (Fachbegriff: »Resilienz«), wächst genau in solchen Phasen.

Du kannst für dich entscheiden, ob du dich eher auf Chancen oder eher auf Risiken fokussierst – beides hat gute Gründe. Aber gerade wenn dir die Nachrichtenlage nicht guttut, kann es manchmal helfen, bewusst den Blick auf das Mögliche und Positive zu richten.

SICH SELBST FÜHREN

Eine gängige Redewendung heißt: »Wer sich nicht selbst führen kann, wird geführt.« Das heißt ganz platt, dass entweder du Entscheidungen triffst, dir Ziele setzt und deinen Weg gehst, oder andere werden das für dich tun.

Werbung, Politik und Medien beispielsweise wissen sehr gut, was sie von dir möchten: Sie leben von deiner Aufmerksamkeit, deinem Konsumverhalten und davon, dass du ihnen einen Teil deiner Entscheidungsmacht überlässt.

Oskar und Tobias haben als Instagrammer und YouTuber sehr viel mit Marketing zu tun. Sie wissen, dass Medien, Politik und Unternehmen sich sehr gut darin auskennen, wie sie dein Verhalten zu ihrem Vorteil beeinflussen können. Hinter jedem Marketing stecken klare psychologische Prinzipien, auf die wir später noch genauer eingehen.

Normalität

Ein wichtiges Bedürfnis, mit dem man uns immer sehr gut beeinflussen kann, ist das der sozialen Zugehörigkeit. Wir alle wollen am liebsten das tun, was alle anderen auch tun.

Diese »Normalität«, also das Leben innerhalb bestimmter »Normen«, gibt uns die Sicherheit, nicht ausgestoßen zu werden. Die Angst davor sitzt tief, denn vor Jahrtausenden hätte ein Ausschluss aus der Gemeinschaft den sicheren Tod bedeutet.

Normalität ist aber keine objektive Wahrheit, sondern eine Wahrnehmungsfrage. Vielleicht hast du früher auch mal gegenüber deinen Eltern argumentiert: »Alle machen das!«, wenn du ein Spielzeug haben oder abends länger wegbleiben wolltest. Sich gegen dieses Argument zu wehren, ist für Eltern oft schwierig. Wer will schon, dass seine Kinder als Außenseiter gelten?

Übersehen wird dabei manchmal, dass diese »Normalität« nicht selten genau von denen inszeniert wird, die auch davon profitieren: Alkoholhersteller verbreiten

Bilder von fröhlich feiernden Menschen, Netflix und Amazon schlagen dir Filme und Produkte vor, die »anderen auch gefallen« haben, Hersteller von stark koffeinhaltigen Getränken zeigen, wie man damit scheinbar die Welt aus den Angeln heben kann. Wer will da nicht dazugehören?

Wenn du eigentlich weder Alkohol trinken noch ständig Medien konsumieren noch deinen Körper künstlich um seine Ruhephasen bringen willst, wird das durch die inszenierte Normalität und den daraus entstehenden Gruppendruck nicht einfacher.

Unvergleichlich

Die meisten überprüfen mehr oder weniger bewusst ständig, ob sie noch »normal« sind. Sie vergleichen sich mit den anderen: »Passt mein Style noch?« Kann ich bei angesagter Musik und Filmen mitreden? Halte ich finanziell mit den anderen mit?

Vergleichen hilft natürlich, sich einzusortieren. Und Vorbilder können dich sogar motivieren, besser zu werden und zu wachsen. Aber vieles, was die Medien als »normal« auftischen, ist nichts anderes als gelungene Selbstinszenierung. Sich damit zu vergleichen, kann total demotivierend sein, wenn du nicht die ganze Geschichte kennst.

Der reiche Fußballstar trainiert mehrere Stunden täglich, hält eine strenge Diät und riskiert mehrfach wöchentlich seine Gesundheit. Der Waschbrettbauch der Fitness-Influencerin ist das Ergebnis von viel Disziplin, der richtigen Körperhaltung, einer gewissen Atemtechnik und guter Beleuchtung – natürlich optimiert durch Filter und Software.

Auch der Vergleich mit Mitstudierenden oder Nachbarn bringt dich nicht wirklich weiter. Du siehst meist nur die Ergebnisse der anderen und nicht den Weg dorthin. Welche Voraussetzungen hatten sie? Welche Stärken haben sie eingesetzt? Wer hat ihnen geholfen?

Du kannst das herausbekommen und davon lernen. Dann sind es Vorbilder, mit deren Hilfe du deinen eigenen Weg findest. Ansonsten sind deine Voraussetzungen und Stärken so individuell, dass es nur einen einzigen sinnvollen Vergleich gibt: den mit deinem eigenen künftigen (oder vergangenen) »Ich«.

Eimer voll oder Eimer leer?

Neben nagenden Selbstzweifeln führt das Vergleichen auch häufig zu dem, was Tobias »dem anderen den Eimer leer machen« nennt. Das Bild, das dahintersteht, ist, dass wir alle einen Eimer mit uns rumtragen, in dem unsere Stärken, Fähigkeiten und Erfolge sind.

Wenn du jetzt in den Eimer eines anderen schaust, siehst du dort »Sein Haus, sein Auto, sein Schulabschluss …« – und vergleichst das mit deinem Eimerinhalt.

Wenn dein Eimer weniger gefüllt ist, hast du zwei Möglichkeiten: Du bist motiviert, auch so einen vollen Eimer zu haben. Dann machst du eine Fortbildung, trainierst härter oder überlegst, wie du dein Einkommen steigern könntest. Oder du versuchst, den Eimer des anderen leerer zu bekommen. Dann ist deiner nämlich – im Vergleich – auch der vollere …

Und das geht ganz einfach durch Abwertung: »Der hat wohl zu viel Geld, dass er sich so einen protzigen Karren kaufen muss«, »Das Gesicht ist bestimmt operiert«, »Ja, wer es nötig hat«. Wenn dir so eine Abwertung begegnet – und Oskar und Tobias müssen dazu nur in ihre YouTube-Kommentare schauen –, steckt oft die Selbstaufwertung eines anderen dahinter. Da will einer zu seinen Gunsten deinen Eimer leer machen.

Die Lösung ist, dass du dich nur um deinen eigenen Eimer kümmerst. Lass dich von anderen nicht abwerten. Und auch umgekehrt: Klar macht es vielen Spaß, sich über Promis aus dem Trash-TV lustig zu machen, die vielleicht noch viel blöder sind als du. Wenn du aber hoffst, durch diesen Vergleich schlauer zu werden – nein, wirst du leider nicht …

Entscheidungen

Welche Ausbildung soll ich machen? Soll ich mich von meinem Partner trennen? Gehe ich heute Abend mit zum Feiern oder lerne ich für die Prüfung? Ständig gibt es kleine und große Entscheidungen zu treffen.

Und da Krise vom Wortsinn her ja »Entscheidung« bedeutet, ist jeder Wendepunkt oder jede Weggabelung eine kleine Krise. Du musst dich ständig entscheiden, um dich zu entwickeln und weiterzukommen.

Oft gilt: »Keine Entscheidung ist auch eine Entscheidung.« Wenn der Anmeldetermin für die Aufnahmeprüfung erst verstrichen ist, brauchst du dich nicht mehr zu bewerben. Wenn du mit der Antwort auf die Einladung wartest, bis deine Freunde vor der Tür stehen und dich abholen, musst du ja wohl mitgehen. Wenn du die Situation mit deinem Partner unerträglich werden lässt, übernimmt vielleicht er die Entscheidung für dich und trennt sich.

Aber: Für dein Selbstwertgefühl ist das auf Dauer nicht gut. Du signalisierst dir selbst, dass du nicht weißt, wo es langgeht.

Dass wir uns nicht entscheiden können, scheint eine Gewohnheit unserer Zeit zu sein: Überall lauert vielleicht noch ein viel besseres Angebot, das wir nicht verpassen wollen. Und genau das macht Entscheidungen oft so schwer. Je mehr Alternativen wir kennen, desto schwieriger wird es, denn wir entscheiden uns vor allem ungern gegen etwas.

Ja, es ist richtig: Wenn du deiner Freundin für morgen Abend eine klare Zusage gibst, entscheidest du dich gegen alle anderen Angebote, die bis dahin noch kommen können. Aber wenn du diese Entscheidung selbst triffst und deren Folgen dann trägst, erlebst du dich selbst als wirksam. Und das macht dich auf Dauer stark.

Methoden

Entscheidungen treffen ist eine Kunst, die du lernen kannst. Weil es vielen nicht leichtfällt, haben sich schlaue Menschen bewährte Methoden dafür ausgedacht.

Eine Möglichkeit ist die »PMI-Liste«, in der du Pluspunkte, Minuspunkte und interessanten Aspekte gegeneinander abwägst. Wenn du dann noch die einzelnen Argumente nach ihrer Bedeutung gewichtest, hast du oft schon eine gute Entscheidungsgrundlage.

Noch etwas umfangreicher ist die »CAF«-Methode (Consider All Factors) – einfach alle und alles auflisten, was deine Entscheidung betrifft: Wenn du in Stuttgart statt in Hamburg studierst, kannst du deine Großmutter nicht mehr so oft besuchen. Bevor du dir einen Hund anschaffst, musst du vielleicht bei deinem Ausbildungsbetrieb fragen, ob du ihn mitbringen kannst.

Sechs-Hüte-Methode

Eine Methode, die Tobias sehr schätzen gelernt hat, ist die »Sechs-Hüte-Methode« von Edward de Bono: Du setzt nacheinander (sinnbildlich) sechs verschiedene Hüte auf und betrachtest dein Thema aus diesen sechs Perspektiven – und zwar in dieser Reihenfolge: erst die Moderation (blau), dann Gefühl (rot), Fakten (weiß), Risiken (schwarz), Chancen (gelb), Ideen (grün).

Die Methode eignet sich übrigens auch sehr gut für Gruppendiskussionen, zum Beispiel am WG-Tisch. Die gesamte Gruppe zieht nacheinander die Hüte auf, und alle versuchen, zu der vorgegebenen Farbe Argumente beizutragen. Das verhindert typische, eingeschliffene Verhaltensweisen – der eine sieht alles immer schwarz, der andere steuert mit Optimismus dagegen.

Tempo und Zufall – der Münzwurf

Der Nachteil von Methoden wie PMI oder CAF ist, dass es häufig eigentlich gar keine richtige oder falsche Entscheidung gibt. Da kann man Argumente wälzen, solange man will. Alles hat irgendwie seine Vor- und Nachteile.

Manchmal ist es also das Wichtigste, dass du überhaupt eine Entscheidung triffst. Wähle doch beim nächsten Mal im Restaurant dein Gericht in maximal 30 Sekunden aus. Die einzige Bedingung: nicht das, was du immer nimmst. Da kann nicht viel passieren, aber du zeigst dir selbst, dass du dich auch schnell entscheiden kannst. Gut für dein Selbstvertrauen!

Für schnelle Entscheidungen hilft manchmal auch eine simple Methode, die Oskar regelmäßig anwendet: der Münzwurf. Klingt jetzt nicht sensationell, ist aber sehr wirkungsvoll. Du bestimmst einfach, welche

Entscheidung für welche Seite der Münze steht, und wirfst.

Aber jetzt kommt der Trick: Wenn sich die Münzentscheidung gut anfühlt, folgst du ihr. Wenn sie sich nicht gut anfühlt, nimmst du die andere Variante. Und wenn sich beide schlecht oder beide gut anfühlen, bleibst du bei der Zufallsentscheidung durch die Münze.

Warum funktioniert das? Beim vielen Hin-und-her-Überlegen sind vor allem Verstand und Vernunft beteiligt. Aber dein Gefühl und deine Intuition sind noch nicht überzeugt und blockieren deshalb deine Entscheidung. Auf den Münzwurf reagiert nun deine Intuition und sagt: »Endlich werde ich auch mal gefragt« – und das ist wichtig. Denn bekanntermaßen spielen bei Entscheidungen meist Verstand und Emotion zusammen eine Rolle.

Ziele und Werte

Entscheidungen werden leichter, wenn sie in einem größeren Zusammenhang stehen. Wenn du auf eine Weltreise sparst, fällt die Entscheidung gegen die schönen, aber unnötigen Sneaker leichter. Wenn du den Halbmarathon unter zwei Stunden laufen willst, lässt du das wöchentliche Gruppentraining nicht so leicht sausen. Langfristige Ziele erleichtern kurzfristige Entscheidungen.

Dein innerer Kompass für solche Ziele sind deine Werte. Deshalb lohnt es sich, diese zu reflektieren und zu definieren. Für große Ziele, die dir »etwas wert sind« engagierst du dich auch mal länger oder bringst auf dem Weg dorthin Opfer.

Ziele, die nicht deinen Werten entsprechen, kannst du dagegen schwer erreichen. Wenn für dich Genießen und leckeres Essen besonders wertvoll sind, ist das vielleicht der Grund, warum sich deine Badestrandfigur nicht einstellt. Und dann ist das vielleicht auch einfach nicht so wichtig und entspricht gar nicht deinen eigenen Vorstellungen.

Erkenne deine Werte

Eine Möglichkeit, dir über deine Werte klarer zu werden, sind Listen, die du durchforstest und bei denen du schaust, welche Begriffe dich ansprechen. Ein Beispiel dafür findest du unter *dieserdad.de/werteliste.pdf.*

Die ausgewählten Begriffe reduzierst du Schritt für Schritt, bis es nur noch zehn sind. Viele Werte ähneln sich ja, etwa »Umweltschutz«, »Naturschutz« und »Nachhaltigkeit«. Du entscheidest, welcher dieser Begriffe deinen Wert am besten beschreibt – auch das ist übrigens schon eine kleine Entscheidungsübung.

Dann bringst du deine Zehn-Werte-Liste in eine Reihenfolge, indem du gegeneinander abwägst: Was ist dir wichtiger – Einfluss oder Freundschaft? Nimmst du den Posten in der Studierendenvertretung, den auch deine Freundin will, oder verzichtest du, um die Freundschaft nicht zu belasten?

Schmerz und Lust

Wenn du deine Top-Ten- oder Top-Five-Werte als Kompass hast, bist du für deine Zielfindung schon gut ausgerüstet. Jetzt gibt es noch zwei Turbos: »Pain und Paradise«, also Schmerz und Lust. Das sind die beiden stärksten Antreiber. Die meisten nutzen beide Antriebe, aber häufig funktioniert einer besser als der andere.

Davon will ich weg, sagt der Schmerz-Treiber – »Ich will morgens nicht mehr Husten müssen, also höre ich auf zu Rauchen.« Dort will ich hin, sagt der Lust-Treiber – »Wenn ich erst mal mit Rauchen aufgehört habe, kann ich endlich länger und schneller Joggen.«

Je nachdem, ob du eher ein »Davon weg« oder ein »Da will ich hin«-Typ bist, kannst du deine Ziele so formulieren, dass sie dich maximal motivieren.

Lust und Schmerz funktionieren übrigens auch, um deine Werte zu erkennen. Die vorhin beschriebene

Listenmethode folgt dem Lustprinzip: Welcher Begriff zieht mich an? Du kannst aber auch eine Werteliste erstellen, indem du notierst, was dich an anderen Menschen oder Situationen total nervt. Immer wenn du dich über etwas aufregst, kannst du davon ausgehen, dass gerade einer deiner Werte verletzt wird oder dich dein Gegenüber sogar regelrecht abwertet.

Werte sind also auch eine gute Methode, deine Emotionen besser zu verstehen: Irgendetwas geschieht gerade, das nicht in mein Wertesystem passt!

Konkrete Ziele

Stell dir vor, du willst einen Halbmarathon in unter zwei Stunden laufen – aber es gibt gar keine Ziellinie. Schwierig, oder? Wenn du nicht weißt, wann du dein Ziel erreicht hast, kannst du es nie erreichen. Deshalb müssen Ziele SMART sein: spezifisch, messbar, attraktiv (oder ausführbar), realistisch und terminiert.

Also zum Beispiel: »Ich werde mich großartig fühlen, wenn ich in sechs Monaten beim Hegau-Halbmarathon in Singen mit einem 5:40er-Schnitt in unter zwei Stunden über die Ziellinie laufe.«

Und wenn du es nicht schaffst? Dann kannst du bei einem smarten Ziel auch gut analysieren, woran genau es gelegen hat: Hättest du mehr Vorbereitung gebraucht? Hast du dein Tempo auch im Training kontrolliert? Oder war dir das ständige Lauftraining einfach zu langweilig? Du bekommst konkrete Hinweise, wie es nicht funktioniert, und kannst dir neue, bessere Ziele setzen.

Und natürlich braucht es manchmal auch eine gute Portion Geduld. Als Thomas Alva Edison nach unzähligen Fehlversuchen eine funktionsfähige Glühbirne erfand, soll er gesagt haben: »Ich bin nicht gescheitert – ich habe nur 10.000 Wege gefunden, die nicht funktionieren.«

Unzufriedenheit

In seinem Verlag hat Tobias gelernt, dass nur jede fünfte Produktidee wirklich veröffentlicht wird. Die anderen bestehen irgendwann den Test nicht. Macht das Spaß, Zeit und Geld in erfolglose Projekte zu stecken? Sicher nicht. Aber immer wieder entstehen dann Jahre später aus den Erfahrungen der Misserfolge doch großartige Produkte, für die sich der ganze Aufwand nachträglich gelohnt hat.

Es ist also normal, dass du auf dem Weg zum Erfolg ab und zu unzufrieden bist. Unzufriedenheit bedeutet nur, dass du noch nicht am Ziel bist. Sie motiviert dich auf diese Weise sogar, weiterzumachen. Wichtig ist nur, dass du die Unzufriedenheit nicht auf dein ganzes Leben überträgst.

Auch wenn du beim Joggen noch nicht so schnell bist, wie du es gern hättest, kannst du ja mit deinen Freunden eine gute Zeit verbringen, dich am schönen Wetter freuen oder dankbar sein, dass du dich von einer Erkältung wieder erholt hast.

Scheitern

Im Kapitel 4 haben wir im Abschnitt über die »Bewerbung und Vorstellung« schon über den Vertrauensbaum gesprochen und dass dein »Warum« dafür sorgt, dass du in Bewegung kommst. In der Kombination heißt das, dass du am besten motiviert bist, wenn du dir smarte Ziele setzt, die deinen Werten entsprechen und etwas mit deinem »Warum« zu tun haben.

Was aber, wenn gerade gar kein »Warum« da ist?

Tobias hatte mit 23, kurz vor dem Ende seines Schulmusikstudiums, eine depressive Episode. Er wachte jede Nacht auf und fand stundenlang keinen Schlaf. Aus Verzweiflung schaute er langweilige Golfturniere im Fernsehen an, weil ihn das beruhigte. Wenn er etwas aß, hatte er sofort Durchfall.

Und wenn er sich ans Klavier setzte, wollten seine Hände sich einfach nicht bewegen. Sie verweigerten den Dienst. Irgendwie schleppte er sich noch zu einem Auftritt mit der Band, aber als er nachts wieder zu Hause war, hatte er einen regelrechten Nervenzusammenbruch.

Das erste, was half, war, die Situation anzuerkennen und sie auszusprechen. Tobias war überrascht, dass sein strenger Klavierprofessor sehr verständnisvoll reagierte. Er kannte solche Phasen von anderen Klavierschülern und hatte selbst auch so etwas erlebt.

Der Professor fragte Tobias, ob er Lust habe, das anstehende Klassenkonzert der Hochschule zu moderieren, anstatt ein Klavierstück vorzutragen. Das klang viel besser, als jeden Tag vier Stunden mit Klavierüben zu verbringen.

Das zweite war, dass Tobias professionelle Hilfe in Anspruch nahm. Er ging zu seinem Hausarzt, der ihm etwas zur »Erdung« verschrieb, wodurch er auch wieder besser schlafen konnte. Außerdem vermittelte er ihm einen Therapeuten, der auf Belastungsschwierigkeiten von Musikern – heute würde man es Burn-out nennen – spezialisiert war.

Das dritte war, dass Tobias den Fokus darauf richtete, was ihm guttat und was nicht: Musikproduktion am Computer machte ihn wahnsinnig. Klavierüben ging einfach nicht. Aber im Chor singen und zu Funk oder Soul tanzen schon, Komödien schauen und lachen auch. Und damals probierte Tobias zum ersten Mal in seinem Leben Yoga und Meditation aus.

Instinktiv waren das die drei Schritte, die ihn im Laufe einiger Monate wieder aus der schwierigen Phase herausführten: Akzeptanz, Hilfe suchen und Selbstfürsorge.

Vielleicht wäre Tobias' Weg aus der Krise damals schwerer gewesen, wenn es schon all die Ablenkungen von Streaming bis Social Media gegeben hätte. Vielleicht hätte er dann versucht, schlechte Gefühle einfach »wegzuklicken«. Auf Dauer funktioniert das aber nicht. Genau deshalb widmen wir diesem Thema den nächsten Abschnitt.

IRRWEGE

Um eines vorweg klarzustellen: Themen wie digitale Reizüberflutung, Handysucht oder Motivationslosigkeit sind nicht auf junge Erwachsene beschränkt. Menschen, die in der U-Bahn ins Smartphone starren oder ein Konzert nur noch durch die Kameralinse erleben, gibt es in jedem Alter.

Auch Tobias erwacht, wenn er das Smartphone mit aufs Klo nimmt, irgendwann wie aus einem traumlosen

Schlaf und reibt sich die eingeschlafenen Beine. »Was habe ich die letzten 20 Minuten eigentlich gemacht?«

Aber leider ist es wahr: »It really is that damn phone«: Der Grund für viele Irrwege ist heute »dieses verdammte Smartphone«, das so oft smarter ist als wir selbst.

Aber was passiert da eigentlich genau – und wie konnte eine Technologie, die es erst seit 2007 gibt, so schnell so viel Macht über uns gewinnen?

Allverfügbarkeit

Durch die Kombination aus Apps und Internet haben wir heute mit dem Smartphone zehn Fernseher, eine Sammlung aller Computerspiele, jede Menge Landkarten, Geldbörsen, Buntstifte, Brieftaschen und Kalender ständig in der Tasche. Ach ja, ein Telefon ist auch noch dabei.

Das Ding ist also beides: ein einzigartiges Produktivitäts-Werkzeug, mit dem du fast alle Aufgaben des Tages erledigen kannst, und gleichzeitig eine immer griffbereite Ablenkung. Es verlangt übermenschliche Disziplin, nur die produktiven Apps zu nutzen, ohne bei den Unterhaltungs-Apps hängen zu bleiben.

Das ist kein Zufall, sondern Teil eines knallhart geführten Kampfs um deine Aufmerksamkeit: Beherrschst du dich – oder beherrschen dich die Angebote?

Der Kampf ist allerdings unfair. Unsere »Trainer« waren meist Eltern und Lehrer, die selbst kaum Ahnung hatten. Die Gegenseite dagegen arbeitet mit hochwissenschaftlichen Methoden – und kennt unsere Schwächen oft besser als wir selbst …

Der süße Brei

Der Hirnforschung gelang in den 90er-Jahren des letzten Jahrhunderts ein wesentlicher Durchbruch: Dank der funktionellen Magnetresonanztomographie (fMRT) können wir inzwischen sehr klar beobachten, wie unser Gehirn auf Reize von außen reagiert.

Und für wen wohl war dieses Verfahren – außer für Medizin und Forschung natürlich – besonders interessant? Für die Werbeindustrie! Musste man früher für Kampagnen umständliche Tests und Befragungen durchführen, kann man heute direkt zusehen, welche Areale im Gehirn reagieren – und die Werbung exakt darauf zuschneiden. Neuromarketing nennt sich das.

Deshalb unterscheiden sich die heutigen Medien auch wesentlich vom Fernsehen der 80er-Jahre, in dem Tobias aufgewachsen ist. Zwar war auch damals schon klar, dass Menschen negative Nachrichten bevorzugen, bei spannenden Szenen nicht wegschauen können und auf bestimmte Gesichtszüge besonders positiv reagieren. Aber heute kann man das exakt messen und feinjustieren.

Auch für die Lebensmittelindustrie ist das interessant: Bei Fertiggerichten, Süßigkeiten oder Fast Food wird schon seit langem das Gemisch von Zucker, Salz und Fett so eingestellt, dass ein maximales Wohlgefühl beim Verzehr entsteht – der sogenannte Bliss Point (»Glückspunkt«). Es geht dabei nicht um Sättigung oder Gesundheit, sondern darum, dass wir ein Verlangen nach den Nahrungsmitteln entwickeln.

Inzwischen liefert die Hirnforschung auch eine wissenschaftliche Begründung, warum das funktioniert. Wenn das Zucker-Salz-Fett-Gemisch uns optimal befriedigt, wird im Gehirn ein Botenstoff ausgeschüttet: Dopamin – wohl jedem ein Begriff. Es ist also wahrscheinlich, dass die Lebensmittelindustrie unser Verlangen durch neurowissenschaftliche Methoden bald noch besser steuern kann als je zuvor.

Dopamin

Ein kleiner wissenschaftlicher Ausflug in die Welt der Hormone muss an dieser Stelle sein …

Dopamin wird zwar oft »Belohnungshormon« genannt, in Wirklichkeit ist es aber ein Neurotransmitter, der Vorfreude und Motivation vermittelt, bevor eine Belohnung zu erwarten ist. Ratten, die nach dem Drücken eines Hebels eine Portion Zuckersirup erhalten, schütten das Dopamin schon nach dem Drücken aus – nicht erst bei der Belohnung.

Wenn Dopamin ausgeschüttet wird, sagt das Gehirn: »Oh, prima, davon möchte ich bald wieder was haben!« Wir brauchen also Dopamin, um mittel- und langfristige Ziele erreichen zu wollen. Die Vorfreude auf den Erfolg oder das Essen oder was auch immer motiviert uns, weiter auf das Ziel zuzugehen – wie die Ratten zum Sirup-Hebel …

Ein Mangel an Dopamin ist sogar ungesund. Wenn es bei den Versuchsratten künstlich unterdrückt wird, können sie sich nicht einmal aufraffen, um bis zum Hebel zu laufen. Sie sitzen nur noch apathisch herum. Nicht umsonst steht Dopaminmangel im Zusammenhang mit Krankheiten wie Parkinson, ADHS und Schizophrenie.

Also, wo ist das Problem? Wir haben Vorfreude, ist doch prima!

Gummibärchen

Auch beim Dopamin gilt: Die Sache hat zwei Seiten. Es sorgt einerseits für Vorfreude (»Gleich gibt's was Leckeres!«) und andererseits für das Verlangen nach Wiederholung (»Gib mir mehr davon!«). Und je häufiger es ausgeschüttet wird, desto geringer wird die Vorfreude und desto größer wird das Verlangen. Wir brauchen also immer mehr davon. Und das ist der Stoff, aus dem Sucht gemacht ist …

Auch schon in Tobias' Jugend gab es natürlich Spielshows und Filme. Auch damals versuchten die Fernsehsender, den Strom angenehmer Berieselung niemals abreißen zu lassen. Aber irgendwann war die Sendung dann doch zu Ende. Und am späten Abend gab es sogar einen Sendeschluss mit Testbild.

Das Geniale an heutigen Medien wie TikTok, Instagram & Co. ist, dass es kein Ende mehr gibt und dass wir nicht mehr stumm vorm Bildschirm sitzen. Wir wischen und klicken ständig und damit helfen wir, die Mischung optimal an unsere Gewohnheiten anzupassen. Die Plattformen lernen innerhalb kürzester Zeit, in welchem Rhythmus wir welche Signale brauchen, damit wir nicht mehr abschalten können. Bis uns wortwörtlich der Po einschläft.

Um wieder den Vergleich mit der Lebensmittelindustrie aufzugreifen: Wir essen ein seelisches Gummibärchen nach dem anderen, bekommen nach jedem sofort Lust auf das nächste und am Ende ist die ganze Tüte weg. Nur: Diese Tüte wird nie leer.

Demotivation

Wenn wir im Sekundentakt kleine Mengen Dopamin bekommen können, ohne irgendetwas dafür tun zu müssen, vergeht mit der Zeit unser Hunger nach großen Aufgaben. Wozu einen Halbmarathon unter zwei Stunden laufen und sich ein halbes Jahr lang für diesen Moment des Glücks quälen, wenn ich mir stattdessen jederzeit ein paar seelische Gummibärchen einwerfen kann? Darin besteht die Gefahr.

Und da praktisch alle Apps, Videos, Posts und Nachrichten, aber auch Gaming- und Streaming-Plattformen dopaminoptimiert sind, lohnt es sich, darüber nachzudenken, ob es dein regelmäßiger Medienkonsum sein könnte, der dich demotiviert und vielleicht sogar von deinen Zielen abhält.

Deshalb empfehlen so viele, abends das Smartphone weit weg vom Bett abzulegen, damit man morgens nicht gleich als Erstes darauf schaut. Wenn die Gummibärchentüte erst offen ist, hast du immer weniger Lust auf »seelische Rohkost«. Und genauso wie du besser mit einem Müsli oder Vollkorntoast in den Tag startest, könnte dein erster Griff am Morgen vielleicht besser der zu einem Tagesplaner sein.

Dopamin-Detox?

Dopamin hat auch das Zeug dazu, uns süchtig zu machen. Sucht, oder besser Abhängigkeit, wird definiert als »zwanghaftes Verlangen, das trotz negativer Konsequenzen zu einem Kontrollverlust führt«. Wenn du also versuchst, dein Smartphone tagsüber mal für sechs Stunden wegzulegen, hast du einen Anhaltspunkt, wie es bei dir steht. Für Tobias und Oskar wäre das übrigens ebenfalls keine leichte Übung.

Oft hört man deshalb den Rat, ein paar Wochen ganz auf das Smartphone zu verzichten, um sich vom Dopamin zu »entgiften«. Bei allem, was wir jetzt aber über Dopamin wissen, ist das ein Missverständnis. Klar, bei Alkohol- oder Nikotinsucht funktioniert Aufhören – und am besten nicht wieder anfangen. Aber bei Dopamin nicht. Du brauchst es ja, und dein Körper stellt es sogar selbst her.

Was du haben willst, ist ein guter Umgang mit dem Smartphone und den entsprechenden Apps. Und der kann bei einem kompletten Verzicht über mehrere

Wochen kaum entstehen. Wenn du stattdessen morgens nach dem Aufstehen erst mal (wie Tobias) zu einem Tagesplaner greifst, dir (wie Oskar) eine Erinnerungs-App zum regelmäßigen Abschalten installierst oder dein Smartphone nachts außerhalb des Schlafzimmers lädst, entwickelst du Schritt für Schritt Gewohnheiten, die dir zu gesundem Abstand verhelfen.

WEGE

Zum Abschluss dieses Buches möchten wir dir eine Sammlung von kurzen Gedanken mitgeben, die uns geholfen haben, kleinere und größere Krisen beim Erwachsenwerden zu überstehen. Einige kennst du schon aus den bisherigen Kapiteln – wir fassen sie hier noch einmal zusammen.

Krisen als Chancen

»Besteht das Leben eigentlich nur aus Krisen?«, haben wir uns beim Schreiben dieses Kapitels oft gefragt. Ja – und nein. Jeder macht mal schwere Phasen durch. Aber keine Sorge: Zwischen Pubertät, Quarterlife- oder Midlife-Crisis gibt's auch genug Zeiten, in denen einfach alles läuft. Das sollten wir nicht vergessen.

Unser Gehirn reagiert stärker auf Negatives als auf Normalität. Zählt man zu den allgemeinen Krisen noch die persönlichen hinzu, kommt einiges zusammen. Doch Krisen sind keine Katastrophen, sondern Weggabelungen. Sie fordern uns auf, eine Richtung zu wählen – manchmal ist das anstrengend, aber danach geht es meist leichter weiter.

(K)ein Plan fürs Leben

Gerade beim Start in eine Ausbildung oder das Studium musst du viele Richtungsentscheidungen treffen. Aber diese Entscheidungen sind nicht endgültig. Niemand weiß, wo er in 20 Jahren steht. Wichtig ist nur: Bleib in Bewegung.

Tobias studierte Schulmusik und Dirigieren, heute coacht er Führungskräfte. Ein Freund organisierte neben dem Verwaltungsstudium Kinoabende und gründete später eine Eventtechnik-Firma. Eine Kollegin begann mit 50 ein Psychologiestudium.

Frag mal ältere Menschen nach ihrem Lebensweg. Du wirst überrascht sein, wie selten der geradeaus ging. Es reicht also, wenn du den nächsten Schritt kennst und eine grobe Richtung hast.

Gewohnheiten

Du kannst dein Leben nicht durchplanen – Gott sei Dank! Aber wenn du dich jeden Tag einen Meter in die richtige Richtung bewegst, sind das nach sieben Jahren auch zweieinhalb Kilometer. Da kommst du bildlich gesprochen vom Industriegebiet in den Wald oder vom Flugplatz an den See – ein kompletter Tapetenwechsel.

Langsame, aber beständige Veränderung bewirkt auf Dauer mehr als hektischer Aktionismus. Man sagt, wir brauchen im Schnitt 60 Tage, um eine neue Gewohnheit zu verankern – egal ob das ein Glas Wasser am Morgen, zehn Minuten Yoga oder regelmäßiges Tagebuchschreiben ist. Und aus vielen guten Gewohnheiten entsteht Schritt für Schritt ein gutes Leben.

Abstand

Wenn es gerade nicht so läuft, wie du es dir vorgestellt hast, hilft es, die Situation mit Abstand zu betrachten: Wenn du in sieben Jahren auf den heutigen Tag zurückschaust – wirst du dich dann noch an deinen aktuellen Schmerz erinnern?

»This too shall pass« ist eine alte Weisheit, die König Salomon zugeschrieben wird. Übersetzt etwa: »Auch das wird vorübergehen.« Oder einfach gesagt: Nichts bleibt ewig. Weder die guten noch die miesen Zeiten.

Und deshalb lohnt sich weder übermäßige Freude noch übermäßige Verzweiflung. Es geht immer weiter – und wir dürfen gespannt sein.

Selbstfürsorge

Sich um sich selbst zu kümmern, ist kein Egoismus, sondern die Voraussetzung, auch für andere da sein zu können. Deine Batterien musst du auch regelmäßig aufladen. Was dir guttut, findest du durch Ausprobieren sicher selbst heraus. Für Oskar sind es Spaziergänge, Lesen oder allein essen. Für Tobias Klavierspielen, Yoga und Meditation.

Glaube aber nicht, dass wir die perfekten »Selbstfürsorger« sind. Auch wir rennen in unseren Berufen – wo Reichweite, Aufmerksamkeit und positive Resonanz die Währung für Erfolg sind – regelmäßig in die Beurteilungsfalle und müssen uns mühsam wieder auf uns selbst besinnen.

Selbst wenn wir die Methoden dafür kennen, brauchen wir also oft erst eine schmerzhafte Bauchlandung, um uns daran zu erinnern.

Stille und Meditation

Allein mit dir selbst klarzukommen und Stille auszuhalten, ist gar nicht so leicht – aber genau das kann dir helfen, dich besser kennenzulernen und unabhängiger davon zu werden, was andere von dir denken.

Bücher oder Tools können dich dabei unterstützen, aus dem Gedankenstrom auszusteigen. Ein Klassiker ist »Jetzt!« von Eckhart Tolle. Aber auch mit Lebensplanern wie »Ein guter Plan«, der »Headspace«-App für Meditationen oder »Matter Neuroscience« kannst du dein Leben reflektieren und herausfinden, was dich glücklich macht.

Echtes Leben

Manchmal ist Stille genau das Falsche. Vor allem, wenn sich dann deine Gedanken verselbstständigen. Unser Kopf erfindet endlose Geschichten, die sich wie echt anfühlen – und das ist neurowissenschaftlich belegt.

Wir verbringen heute viel Zeit in solchen Welten, ob Serien, Tratsch, Nachrichten, Rollenspiele oder Social-Media-Posts – all das sind fiktive oder zumindest stark gefilterte Darstellungen der Wirklichkeit. Aber es ist nicht das echte Leben.

Das echte Leben findest du im Sport, in der Natur, in der Gemeinschaft mit anderen, beim Kochen,

Handwerkeln oder Pflanzenpflege – einfache Dinge, in denen du Selbstwirksamkeit erlebst. Sie erinnern dich daran, wie viel echtes Leben du schon beherrschst. Du kannst darauf vertrauen.

Lebensatem

Körpergefühl und Stimmung beeinflussen sich gegenseitig. Wenn du niedergeschlagen bist, hängen deine Mundwinkel, die Schultern sind schlaff und deine Atmung wird flacher. Nach einem gewonnenen Wettkampf dagegen reißt du die Arme hoch, deine Augen strahlen und du saugst lachend das Leben ein.

Der Trick: Das Ganze funktioniert auch umgekehrt. Wenn es dir mal nicht so gut geht, reicht es schon manchmal, sich aufzurichten, einmal durchzuatmen und ein bisschen zu grinsen – selbst wenn dir gar nicht danach ist. Schon diese Veränderung der Haltung kann Glücksgefühle auslösen – und dein Körper schüttet Endorphine aus.

Vor allem die Atmung kann unser Wohlbefinden steuern. Vielleicht wollte Tobias deshalb in seiner depressiven Episode am Ende des Studiums am liebsten im Chor singen. Und genau deshalb sind Meditationsübungen und Yoga so wirkungsvoll. Oder doch Gesangsunterricht? Probiere es einfach mal aus!

Anderen helfen

Ohne eine der wichtigsten und häufigsten Antworten auf die Frage nach dem »Sinn des Lebens« kann dieses Buch nicht enden. Es ist der Wunsch, zum Glück anderer beizutragen. Das erfüllt uns mit Sinn – und setzt ganz nebenbei einen Cocktail von Glückshormonen frei: Endorphine sorgen für gute Laune, Oxytocin stärkt die Verbundenheit, und Dopamin schenkt Vorfreude auf das glückliche Gesicht der anderen.

Auch wenn die Nachrichten und Medien oft anderes suggerieren: Im echten Leben sind die meisten Menschen hilfsbereit. Genau das hat unser Überleben gesichert – denn der Zusammenhalt erhöht die Chancen, schwierige Zeiten zu überstehen.

Es gibt unzählige Gelegenheiten, anderen eine Freude zu machen: Du kannst deine Freunde bekochen, jemanden überraschen oder einem Nachbarn beim Einkaufen oder Blumengießen helfen. Und klar, wenn du Lust hast: In jeder Stadt gibt's Möglichkeiten, dich einzubringen – ob im Verein, im Jugendzentrum oder im Seniorenheim.

Es muss aber nicht gleich ein Ehrenamt sein – oft sind es die kleinen Gesten im Alltag, die dir zeigen: Du bist nicht allein. Und das zu spüren, tut einfach gut.

Deine Take-aways aus Kapitel 5

- Am Anfang ist es völlig normal, sich überfordert zu fühlen. Diese Zeit hilft dir, falsche Vorstellungen loszulassen und das echte Leben kennenzulernen.
- Nimm dir Zeit für dich und deine eigenen Bedürfnisse. Baue echte Freundschaften auf und finde heraus: Welche Menschen tun dir gut, welche eher nicht?
- Konflikte sind normal. Wichtig ist, wie du damit umgehst. Rede klar und direkt, ohne Vorwürfe, und hör auch mal zu. So entstehen Vertrauen und echte Nähe.
- Medien zeichnen die Welt oft düsterer, als sie ist. Such bewusst auch Positives – und konzentrier dich auf das, was du wirklich ändern kannst.
- Vergleiche dich nicht ständig mit anderen. Frag dich lieber: Wo will ich hin, was passt zu meinen Werten? So triffst du Entscheidungen, die dir wirklich entsprechen.
- Smartphones, Apps und Medien sind mächtig und wirken auf unsere Hirnchemie. Mach dir das bewusst, leg Pausen ein und schaff dir Rituale, die Kontrolle zurückbringen.
- Krisen sind Chancen. Hab Geduld, pflege gesunde Gewohnheiten, finde heraus, was dir guttut, und probiere Methoden wie Meditation, Sport oder bewusstes Atmen.
- Wenn du anderen hilfst, hilfst du auch dir selbst – Glück steckt an …

NACHWORT UND DANK

Vielen Dank, dass du unserem Buch bis hierher gefolgt bist. Einmal quer durchs Leben ist natürlich ein bisschen viel für ein einziges Buch. Wenn du also bis jetzt nur die Hälfte (oder weniger) gelesen hast, ist das völlig okay. Vielleicht interessiert dich der Rest ja später einmal.

Auf den folgenden Seiten haben wir ein paar Buchtipps und Online-Quellen aus diesem Buch aufgelistet. Da sich sowas ja ständig ändern kann, haben wir das alles auch auf die Seite *ploetzlicherwachsen.de* gepackt. Da können wir es besser aktuell halten und auch weitere Anregungen mit aufnehmen.

Überhaupt – Anregungen: Ein ganz herzliches Dankeschön sagen wir an dieser Stelle an Ilka, Ute, Otto, Uwe, Julia, Elise, Amelie, Tim, Fabi, Jonas, das Team des Kniga-Verlags… und viele andere, die uns beim Schreiben dieses Buches mit ihren Einwänden, ihrer Expertise und ihrer Ermutigung unterstützt haben.

Und wenn du oder deine Eltern und Freunde einen völlig anderen Blickwinkel auf manche Themen haben, ist das auch völlig okay. Weder haben wir die Weisheit mit Löffeln gefressen, noch glauben wir, dass es alle so machen müssen wie wir – auch wenn das in einem Ratgeber manchmal so klingt …

Das Leben entfaltet sich, es gibt Krisen und niemand hat alles im Griff. Es lässt sich (Gott sei Dank) nicht durchplanen und manchmal kann es auch richtig schwer werden. Aber es geht weiter und es macht immer wieder viel Spaß! Wenn du das mitnimmst, dann freuen wir uns am meisten.

Stürz dich ins echte Leben, bleib mutig und lerne weiter dazu. Und schreib uns gern, wenn du Fragen und Anregungen hast. Wir freuen uns!

Liebe Grüße

Oskar & Tobias

WEITERFÜHRENDE INFORMATIONEN

Website

Alle Links und Quellen aus diesem Buch findest du auch auf unserer Website *www.ploetzlicherwachsen.de/links* oder du scannst einfach diesen QR-Code:

Kanäle

@ploetzlicherwachsenbuch

(Instagram und TikTok)

@dieseroskar

(TikTok, Instagram und YouTube)

@dieserdad

(YouTube, Instagram und TikTok)

Bücher

- **Tobias Bücklein:** »TikTok, Snapchat und Instagram – der Elternratgeber. Sichere Begleitung von Kindern in Social Media« | © 2021 Stiftung Warentest
- **dieserdad:** »Willkommen in Neuland – Ein Reiseführer durch YouTube, Instagram & Co. für Eltern und andere Digital Immigrants« (Buch und E-Book) | © 2019 Kreutzfeldt digital, Hamburg
- **Tobias Bücklein:** »Feierkunst – Leuchtende Augen statt hohler Rituale« | © 2017 Kreutzfeldt digital

Bucherwähnungen

- Bregman, Rutger: Im Grunde gut
- Covey, Stephen R.: Die 7 Wege zur Effektivität
- de Bono, Edward: Sechs Hüte des Denkens
- Ein guter Plan (Lebens- und Reflexionsplaner)
- Kehl, Thomas, und Linke, Mona: Das einzige Buch, das Du über Finanzen lesen solltest
- McRaven, William H.: Mach dein Bett!

- Rosling, Hans: Factfulness
- Schäfer, Bodo: Ein Hund namens Money
- Sinek, Simon: Start with Why
- Tolle, Eckhart: Jetzt!

Erwähnte Apps

- Chefkoch (Rezepte)
- Headspace (Meditation)
- Matter Neuroscience (Glückstracking)
- MyFitnessPal (Ernährung & Kalorien tracken)
- Sleep Cycle (Schlaftracking)
- Sun Tracker AR (Sonnenstands-App)
- Too Good To Go (Lebensmittelrettung)
- Yuka (Lebensmittel- und Kosmetik-Scanner)
- Zu gut für die Tonne! (Rezeptideen, auch für Reste)

Weitere nützliche Online-Quellen

- dailypositive.com (optimistische Nachrichten)
- dieserdad.de/werteliste.pdf (Übung zur Werte-Reflexion)
- foodsharing.de
- matter.xyz (Neurowissenschaften)

FSC
www.fsc.org
MIX
Papier | Fördert
gute Waldnutzung
FSC® C083411

Zeitfracht Medien GmbH
Ferdinand-Jühlke-Straße 7
99095 Erfurt, Deutschland
produktsicherheit@kolibri360.de